Toys for Boys

© 2006 Tectum Publishers
Godefriduskaai 22
2000 Antwerp
Belgium
info@tectum.be
+ 32 226 66 73
www.tectum.be

ISBN: 90-76886-32-6
WD: 2006/9021/5
(29)

Editor: Patrice Farameh
Editorial Coordination: Christiane Niemann
Research Team: Hanna Engelmeier, Nadine Schönweitz,
    Peter Thiede, Lea Bauer, Ron Gütt, Henrik Sauer
Design: Jens Kilian
Layout: Jens Kilian, Markus Mutz
Digital Imaging: pixgreen-media factory, Stuttgart, Jan Hausberg
Translations: CET Central European Translations (Dutch),
    Carole Touati (French)

Produced by fusion publishing GmbH, Stuttgart . Los Angeles

Toys for Boys

Edited by Patrice Farameh

TECTUM
PUBLISHERS

contents

Going Over the Top and Living Large

"The only difference between men and boys is the price of their toys." The boy within has never really grown up, even though the number of figures in his bank account has. Now powered by unlimited resources, that child inside feels that he deserves to satisfy that passion for luxury. And if he wants to splurge in a childish manner, this book welcomes him to the world of the most outrageous "toys" any man with unlimited resources can possibly own.

Charlie Chaplin once said: "the saddest thing I can imagine is to get used to luxury". If Charlie was alive today, he would agree that luxury is impossible to overdo. Today's privileged and affluent class has pockets deep enough for the ever increasing extravagance of exceptional items saturating the luxury goods market. We are at the dawn of a new era in consumerism, making it easier to spoil oneself senselessly.

Companies are continuously learning that in order to sell to the rich and wealthy elite, they have to invent or remake their products to combine three important elements: design, luxury, and high technology. Many common items such as pens, cuff-links, speakers, and cell phones have been revamped to provide not only the same function as before, but with exotic substance and materials, brilliant style, and ultra-hip design.

Many ordinary things are attuned to this new experiential luxury paradigm. Product lines are being reexamined and refreshed to fit the new demands of the luxury consumer, extending the imagination to recreate functional objects as higher works of art or technical wonders, such as diamond tire rims and bejeweled writing instruments, carbon bicycles, electric and levitating transporters, robotic pets, and extraordinary electronic games.

Consumer preferences are constantly shifting, causing the concept of luxury itself to change. Across the globe, lexicographers will be editing their definitions of the word "luxury". Whereas once the old luxury definition was strictly about the object, the new luxury is now about the total experience. Easily bored, the new luxury shoppers crave and demand variety. Now luxury is not only about services and conveniences, but experiences presented in a different way. Many items featured in this book are unattainable simply due to the fact that it is a privilege that isn't available to the mere masses. Simply possessing the object rarely retains the same charm that it had in its pursuit. The new luxury consumer chases after expensive fashionable products like a safari hunter in pursuit of wildlife pelts. Today it's about psychology, not mass advertising or an eye-catching logo. Today it's about catching the eye of one's ego.

This type of indulgence, or conspicuous consumption, is closely related to the increase of personal wealth creation. People want to show they are successful by adorning themselves with custom clothes and shoes, wearing diamond-encrusted, hand-crafted watches, cruising in limited edition cars and extraordinary boats, or accessorizing their homes with expensive electronics and unique gadgets. This attainment and consumption of unique luxury items is closely wrapped up in their personal lives; the total experience of ownership is important.

The products showcased in this book are not only created exclusively for the extremely affluent, but for those who spend the most on luxury and believe in investing in a high-end lifestyle, where money is an easily disposable object. They are products particularly for the fashion-conscious consumer who wants products that look fresh and unexpected. The ultimate toys for boys are innovative and unique, lavish, excessive, and unrestrained.

Patrice Farameh

Repousser les limites et mener grand train

« La seule différence entre les hommes et les enfants est le prix de leurs jouets. » L'enfant que l'homme a en lui n'a jamais vraiment grandi, contrairement au nombre de chiffres de son compte en banque… Disposant désormais de ressources illimitées, cet enfant caché a le sentiment de mériter d'assouvir sa passion pour le luxe. Et s'il veut en faire étalage de manière candide, ce livre ouvre les portes du monde des « jouets » les plus exorbitants que l'homme aux ressources illimitées peut espérer posséder.

Charlie Chaplin a dit un jour « la chose la plus triste que je puisse imaginer, est de s'habituer au luxe ». S'il était encore en vie, il conviendrait certainement que le luxe ne connaît aucune limite. La classe privilégiée et nantie a les poches suffisament profondes pour l'extravagance toujours croissante des objets exceptionnels qui inondent le marché des produits de luxe. Nous sommes à l'aube d'une nouvelle ère du consumérisme dans laquelle les possibilités de se faire plaisir de manière insensée sont multipliées.

Les entreprises constatent en permanence que pour pouvoir vendre à l'élite opulente il leur faut inventer ou repenser les produits afin qu'ils regroupent trois notions clés : design, luxe et haute technologie. Nombreux sont les objets courants comme les stylos, les boutons de manchette et les téléphones portables qui ont été remodelés ; ils doivent remplir les mêmes fonctions qu'avant mais être fabriqués dans des substances et des matières exotiques, avoir un style somptueux et un design ultra-branché.

De nombreuses choses ordinaires s'adaptent à ce nouveau paradigme du luxe expérientiel. Les gammes de produits sont réétudiées et mises au goût du jour afin de répondre aux nouvelles demandes du consommateur de luxe. L'imagination est mise au service du luxe afin que les objets fonctionnels deviennent des œuvres d'art suprêmes ou des prouesses techniques : jantes en diamants et stylos ornés de bijoux, vélos en carbone, engins de transport électriques et à lévitation, robots animaux de compagnie, jeux électroniques hors du commun, etc.

Les préférences des consommateurs changent sans cesse et entraînent une mutation du concept de luxe en soi. Dans le monde entier, les lexicographes revoient leur définition du mot « luxe » car, tandis qu'il se référait jadis stric-tement à l'objet, le nouveau luxe concerne désormais l'expérience totale. Vite lassés, les nouveaux acheteurs de luxe ont faim de variété. Le luxe ne concerne plus uniquement les services et le confort, mais les expériences présentées sous un autre angle.

Bon nombre des objets figurant dans cet ouvrage sont inaccessibles tout simplement parce que le privilège de les posséder n'est pas donné au commun des mortels. Toutefois, la possession revêt rarement autant de charme que la quête. Le nouveau consommateur de luxe court après les produits modernes et onéreux tel un chasseur pendant un safari, traquant les fourrures d'animaux sauvages.

Ce qui compte aujourd'hui c'est la psychologie et non pas la publicité grand public ou un logo accrocheur. Ce qui compte aujourd'hui c'est accrocher l'œil de l'ego d'autrui.

Ce type de complaisance ou de consommation ostentatoire est étroitement lié à l'augmentation de la création de richesse chez les personnes. Les gens veulent montrer qu'ils ont réussi en arborant des vêtements et des chaussures personnalisés incrustés de diamants, en portant des montres artisanales, en voyageant dans des voitures fabriquées en édition limitée et dans des bateaux extraordinaires ou encore en agrémentant leur maison de dispositifs électroniques hors de prix et de gadgets exclusifs. Cet accomplissement et la consommation d'articles de luxe uniques fait alors intégralement partie de la vie privée ; l'expérience suprême de la possession est primordiale.

Les produits présentés dans cet ouvrage n'ont pas simplement été créés pour les gens richissimes ; ils sont destinés à ceux qui dépensent une grande partie de leur fortune dans les articles de luxe et qui aiment l'idée d'investir dans un mode de vie haut de gamme, où l'argent est dépensé sans compter. Certains produits sont destinés au consommateur branché, attiré par les objets originaux et inattendus. Les derniers jouets pour les garçons sont innovants et exclusifs, extravagant, excessifs et démesurés.

Patrice Farameh

Over de top — alles kan en alles mag

„Het enige verschil tussen mannen en jongens is de prijs van hun speelgoed." Het jongetje van binnen is nooit echt opgegroeid, het aantal cijfers op zijn bankrekening echter wel. Nu het kind van binnen over onbeperkte middelen beschikt, vindt het dat het verdient om die passie voor luxe te bevredigen. En als het zich op een kinderachtige manier te buiten wil gaan, verwelkomt dit boek het in de wereld van de meest buitensporige "speeltjes" die eender welke mens met onbeperkte middelen maar kan bezitten.

Charlie Chaplin zei ooit dat gewend raken aan luxe het droevigste was dat hij zich kon voorstellen. Als Charlie vandaag nog zou leven, zou hij het ermee eens zijn dat luxe geen grenzen kent. De geprivilegieerde en welvarende klasse van vandaag beschikt over voldoende financiële middelen voor de steeds toenemende extravagantie van buitengewone artikelen die de markt voor luxegoederen overspoelen. We staan aan het begin van een nieuw tijdperk op het vlak van consumentisme, waardoor het makkelijker wordt om zichzelf murw te verwennen.

Bedrijven leren voortdurend dat om te kunnen verkopen aan de rijken en kapitaalkrachtigen, ze hun producten moeten uitvinden of hermaken rond drie belangrijke elementen: design, luxe en hightech. Veel gewone artikelen zoals pennen, manchetknopen, speakers en gsm's zijn vernieuwd om niet alleen dezelfde functie als vroeger te vervullen, maar om door middel van exotische stoffen en materialien tevens prat te kunnen gaan op een schitterende stijl en ultrahip design.

Veel gewone zaken worden afgestemd op dat nieuwe empirische luxeparadigma. Productlijnen worden herbekeken en opgefrist om te voldoen aan de nieuwe behoeften van de luxeconsumenten, en veel verbeelding word gebruikt om functionele voorwerpen te herdopen tot prachtige kunstwerken of technische wonderen, zoals de diamanten wielvelgen en met juwelen getooide schrijfartikelen, carbonfietsen, elektrische en heftransportmiddelen, robothuisdieren en buitengewone elektronische spelletjes.

De voorkeuren van de consument verschuiven voortdurend, waardoor het concept van luxe zelf verandert. Lexicografen van over heel de wereld zullen hun definitie van het woord "luxe" moeten aanpassen. Waar het bij de oude definitie van luxe louter om het voorwerp ging, draait de nieuwe luxe nu rond de totale ervaring. Doordat de nieuwe luxeklanten snel verveeld raken, hunkeren en vragen ze naar afwisseling. Tegenwoordig gaat luxe niet alleen over diensten en comfort, maar over ervaringen die op een andere manier worden gepresenteerd.

Veel artikelen in dit boek zijn gewoon onbereikbaar omdat het privileges zijn die niet beschikbaar zijn voor de gewone massa. Het louter bezitten van het voorwerp heeft zelden dezelfde charme dan het voorwerp had tijdens de zoektocht ernaar. De nieuwe luxeklant jaagt op dure, stijlvolle producten zoals een safari-jager op de vacht van wilde dieren. Tegenwoordig gaat het over psychologie, geen massareclame of een in het oog springend logo. Vandaag komt het erop aan om het oog van het ego te strelen.

Dit soort van uitspattingen, of geldsmijterij, hangt nauw samen met de toenemende groei van persoonlijke rijkdom. Mensen willen tonen dat ze succesvol zijn door zichzelf te tooien met maatkleding en –schoenen, door met diamant belegde en met de hand vervaardigde horloges te dragen, door rond te cruisen in exclusieve wagens en buitengewone boten, of door hun woningen uit te rusten met dure elektronische en unieke gadgets. Die verworvenheid en consumptie van unieke luxeartikelen is nauw verstrengeld met hun privé-leven; de totale ervaring van eigendom is belangrijk.

De producten die in dit boek worden voorgesteld, zijn niet alleen exclusief ontworpen voor de extreem rijken, maar voor diegenen die het meest uitgeven aan luxe en geloven in het investeren in een hoogwaardige levensstijl, waarbij geld geen enkel probleem vormt. Het zijn producten die voornamelijk bestemd zijn voor de modebewuste consument die producten wil die er fris en ongebruikelijk uitzien. De ultieme speeltjes zijn innovatief en uniek, buitensporig, excessief en ongebreideld.

Patrice Farameh

accessories
and gadgets

Whether a limited edition wristwatch or a personalized accessory, all of these items stand above the rest in the fiercely competitive market of luxury goods. Here the most unique and imaginative men's personal products from around the globe are featured, ranging from a dazzling variety of unusual gadgets to a superb selection of fine and one-of-a-kind objects of desire such as humidors, pens, and accessories, all having a unique sense of purpose and distinctive style that deserves the label luxury.

Que ce soit une montre-bracelet édition limitée ou un accessoire personnalisé, ces articles sont dans le haut du panier du marché féroce des produits de luxe. Voici les effets personnels masculins les plus exclusifs et les plus créatifs du monde entier, en commençant par une gamme flamboyante de gadgets hors du commun pour finir sur une superbe sélection d'objets de désir délicats et uniques tels que des coffrets à cigares, des stylos et des accessoires ayant tous une seule fonction et un style incomparable qui leur confère l'appellation de produit de luxe.

Of het nu om een polshorloge met beperkte oplage of een persoonlijke accessoire gaat, al deze artikelen steken boven de rest uit in de uiterst concurrerende markt van de luxegoederen. Hierin vindt u de meest unieke en fantasierijke persoonlijke producten van over heel de wereld, van een verbluffende reeks ongewone gadgets tot een superieure selectie van fijne en unieke droomobjecten zoals humidors, pennen en accessoires, allemaal met een uniek nut en aparte stijl die het label luxe verdient.

accessories and gadgets

Breitling Airwolf
Breitling | www.breitling.com

A marvel of micromechanical engineering; turbine-shaped construction serves as a resonance chamber for its audible indications. Each of its 24 blades has been cut out with extreme precision, then hand-assembled and fusion-soldered.

Une merveille de micromécanique. Sa construction en forme de turbine sert de chambre de résonance aux indications audibles. Chacune de ses 24 lames a été découpée avec une extrême précision, puis assemblée à la main et soudée par fusion.

Een wonder der micromechanica; de turbinevormige constructie dient als resonantiekamer voor de hoorbare indicaties. Elk van de 24 snijbladen is met uiterste precisie uitgesneden, vervolgens met de hand in elkaar gezet en gesmeltlast.

Breitling Flying B

Breitling | www.breitling.com

A special jumping hour model with an 18 carat rose gold case and dial with sapphire crystal glass. The timeless design is inspired by the dashboard instruments of the Bentley, and the back is engraved with the infamous Flying B symbol.

Un modèle spécial à heure sautante doté d'un boîtier en or rose 18 carats et d'un cadran avec verre en cristal de saphir. Son design intemporel s'inspire des instruments du tableau de bord de la Bentley et elle porte au dos l'emblème célèbre de la Flying B.

Een speciaal "jump hour" model met een behuizing van 18-karaats roze goud en een wijzerplaat met saffierkristalglas. Het tijdloze design is geïnspireerd door de dashboardinstrumenten van de Bentley, en op de achterkant staat een inscriptie met het vermaarde Flying B-symbool.

Ferrari Engineered by OFFICINE PANERAI

OFFICINE PANERAI | www.panerai.com

This Granturismo themed watch highlights the design and aesthetics of Ferrari displaying the famous prancing horse on a yellow sporty and elegant dial and sells for €5,600.

Cette montre sur le thème du Granturismo est caractéristique du design et de l'esthétique de Ferrari et arbore le célèbre cheval cabré sur un cadran jaune pimpant et élégant. Le tout pour € 5.600.

Dit Granturismo-horloge legt de nadruk op het design en de esthetiek van Ferrari, met het fameuze steigerende paard op een sportieve en elegante gele wijzerplaat, en gaat over de toonbank voor € 5.600.

Quenttin

Jacob & Co. | www.jacobandco.com

Limited edition €285,000 timepiece, with a vertical mechanical movement and manual winding escapement. Indications of hours, minutes and 31-day power reserve are made using vertical disks assembled coaxially. 99 pieces in white gold, 18 pieces in rose gold and 18 pieces in magnesium make a total limited edition of 135 pieces.

Garde-temps produit en édition limitée d'une valeur de € 285.000, cette montre est dotée d'un mouvement mécanique vertical et d'un échappement à remontage manuel. L'indication des heures et des minutes et la réserve de marche de 31 jours sont fabriqués à l'aide de disques verticaux assemblés de manière coaxiale. 99 pièces en or blanc, 18 pièces en or rose et 18 pièces en magnésium en font une édition absolument limitée de 135 pièces.

Horloge van € 285.000 met beperkte oplage, met een verticaal mechanisch gangwerk en manueel echappement. Indicatie van uren, minuten en stroomreserve voor 31 dagen gebeuren aan de hand van verticale schijven die coaxiaal gemonteerd zijn. 99 stuks in witgoud, 18 in roze goud en 18 in magnesium vormen een beperkte oplage van in totaal 135 exemplaren.

Rainbow Tourbillon

Jacob & Co. | www.jacobandco.com

The Rainbow Tourbillon incorporates multiple time zones with mechanical tourbillon sophistication. White dial with rose colored world timer sub-dials. 18K rose gold and pave diamond case with double row diamond bezel, 11.85 carats. Exhibition case back. Shown on exotic leather band. €240,000. Limited editions available in 18K white, yellow and rose gold, as well as platinum.

La Rainbow Tourbillon intègre plusieurs fuseaux horaires et la sophistication d'un mouvement mécanique tourbillon. Le cadran blanc se conjugue avec des sous-cadrans roses affichant l'heure universelle. Boîtier en or rose 18 carats pavé de diamants et lunette sertie de deux rangées de diamants, 11,85 carats. Le verso du boîtier révèle le mouvement. Présentée avec un bracelet en cuir exotique. € 240.000. Éditions limitées disponibles en or banc, jaune et rose 18 carats, et en platine.

De Rainbow Tourbillon combineert verscheidene tijdszones met de mechanische verfijning van een tourbillon. Witte wijzerplaat met roze gekleurde wijzerplaten voor wereldklok. 18-karaats goud en met diamanten belegde behuizing met dubbele kader van diamanten, 11,85 karaat. Achterkant met show-behuizing. Op exotische lederen band. € 240.000. Beperkte oplage verkrijgbaar in 18-karaats wit, geel en roze goud, evenals platina.

P'6910 INDICATOR

Porsche Design | www.porsche-design.com

A revolutionary time measurement with the first automatic mechanical chronograph with a digital display of the elapsed time and case made of robust titanium. The power situation for the chrono function and the basic movement is shown by a patented powerreserve indicator. The design details like the Porsche Design rotor system or the inside of the rubber strap of this roughly €110,000 watch are inspired by the Carrera GT, Porsche's high performance sports car.

Un garde-temps révolutionnaire doté du premier chronographe avec affichage numérique mécanique du temps écoulé et d'un boîtier en titane robuste. La réserve d'énergie de la fonction chronographe et du mouvement de base sont indiqués par un indicateur de réserve breveté. Les détails conceptuels tels que le système de rotor signé Porsche Design ou l'intérieur du bracelet en caoutchouc de cette montre d'une valeur près de € 110.000 s'inspirent de la Carrera GT, la voiture de sport hautes performances de Porsche.

Een revolutionaire tijdmeting met de eerste automatische mechanische stopwatch met een digitale display van de verstreken tijd en behuizing van robuust titanium. De stroomreserve voor de chronofunctie en het elementaire gangwerk wordt weergegeven op een gepatenteerde stroomreserve-indicator. De ontwerpdetails zoals het rotorsysteem in Porsche-design of de binnenkant van de rubberen riem van dit horloge van ongeveer € 110.000 zijn geïnspireerd door de Carrera GT, de krachtige sportwagen van Porsche.

TAG Heuer SLR for Mercedes-Benz

TAG Heuer | www.tagheuer.com

Like the high-performance, luxury sports car that inspired it, this limited edition watch of 3,500 pieces features a tachymeter, like those used by professional racers to calculate speed. Its timekeeping scale is placed inside the case on a rotating, mechanical unidirectional ring driven by a second crown.

Comme la voiture de sport de luxe à hautes performances l'ayant inspirée, cette montre en édition limitée de 3.500 pièces comporte un tachéomètre identique à ceux utilisés par les pilotes professionnels pour calculer la vitesse. Son échelle de chronométrage est placée dans le boîtier, sur un anneau rotatif, mécanique et unidirectionnel conduit par une deuxième couronne.

Net als de krachtige, luxueuze sportwagen die de inspiratiebron was voor dit horloge met een gelimiteerde oplage van 3.500 stuks, beschikt het over een tachymeter, die ook wordt gebruikt door professionele racepiloten om de snelheid te berekenen. De tijdsschaal bevindt zich in de behuizing op een roterende, mechanische, unidirectionele ring die wordt aangedreven door een tweede kroon.

Tourbillon Souverain,
platinum version

Tourbillon Souverain

F.P. Journe | www.fpjourne.com

This wristwatch is endowed with the technical demands of a revolutionary mechanism that uses a constant force device system with an independent seconds system; the hand remains motionless for as long as the second has not elapsed. The rose-gold version is available for roughly €110,000, the platinum version for €130,000.

Cette montre-bracelet possède les caractéristiques techniques d'un mécanisme révolutionnaire basé sur un dispositif à force constante et sur un système à « seconde morte » : l'aiguille reste immobile tant que la seconde n'est pas écoulée. La version en or rose vaut près de € 110.000 et la version platine € 130.000.

Dit polshorloge is uitgerust met een revolutionair mechanisme dat gebruik maakt van een systeem met constante kracht en een onafhankelijk secondensysteem; de wijzer beweegt niet zolang de seconde niet verstreken is. De versie in roze goud is verkrijgbaar voor ongeveer € 110.000, de platinaversie voor € 130.000.

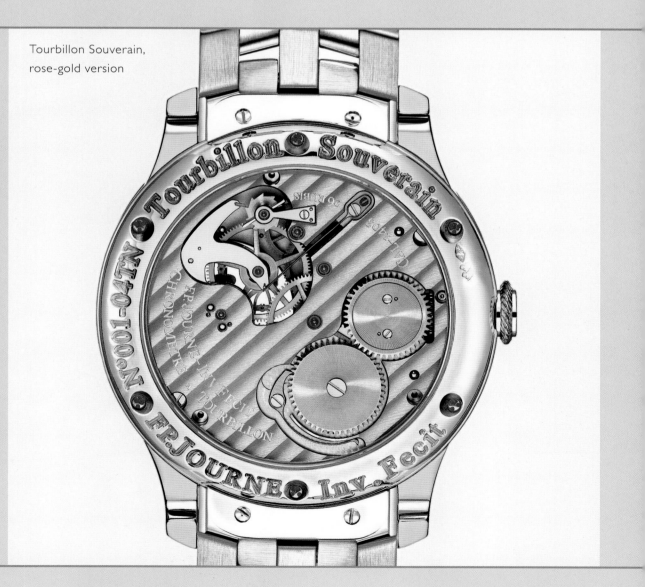

Tourbillon Souverain,
rose-gold version

Skeleton Minute Repeater

Vacheron Constantin
www.vacheron-constantin.com

The iconic minute-repeater's extremely high level of complication combined with the skeletisation of the movement makes it a true work of art. The most sophisticated and technically skilled watchmakers of the oldest watch manufacturer in the world—that has maintained uninterrupted history for over 250 years—invest not less than 300 hours to only skeletise the movement in this 15-piece limited edition.

L'extrême niveau de complication du modèle emblématique Répétition minutes conjugué au squelettage du mouvement en fait une véritable œuvre d'art. Les horlogers les plus notoires et compétents de la plus ancienne manufacture de montres au monde, dont l'histoire est ininterrompue depuis plus de 250 ans, investissent non moins de 300 heures de travail simplement pour squelettiser le mouvement de cette édition limitée à 15 pièces.

De extreme ingewikkeldheid van de iconische minuutherhaling in combinatie met de vormgeving van het gangwerk maakt van dit horloge een waar kunstwerk. De meest gesofistikeerde en technisch vaardige horlogemakers van de oudste horlogemaker ter wereld – die al meer dan 250 jaar ononderbroken meegaat – investeren niet minder dan 300 uren aan het vormgeven van het gangwerk in dit horloge met een beperkte oplage van 15 stuks.

Tour de l'Ile
Vacheron Constantin
www.vacheron-constantin.com

One of the world's most complicated wrist watches ever made has been produced last year for the 250th anniversary of the Swiss brand. This desired collector's piece-of-art in pink gold has been produced in a limited edition of 7 only, holds a total of 16 horological complications and astronomical indications and won several international watch prices in 2006.

Une des montres-bracelets les plus compliquées jamais créées du monde a vu le jour l'an dernier à l'occasion du 250ème anniversaire de la marque suisse. L'œuvre d'art en or rose si convoitée par les collectionneurs a été produite en édition limitée de sept exemplaires seulement. Elle comporte un total de seize complications horlogères et astronomiques et s'est vu décerner plusieurs récompenses en 2006.

Een van 's werelds meest gecompliceerde polshorloges ooit werd vorig jaar gemaakt voor de 250ste verjaardag van het Zwitserse merk. Het gegeerde collectorstuk in roze goud is gemaakt in een beperkte oplage van slechts 7 stuks, bevat in totaal 16 complicaties en astronomische indicaties en heeft in 2006 verscheidene internationale horlogeprijzen gewonnen.

Maybach Tourbillon

Wilhelm Rieber | www.maybach-manufaktur.com

Premiere watchmaker Wilhelm Rieber has created only twelve of these fascinating watches as exclusive as the sedan of the same name. Encased in an 18 carat rose gold case are 12 cylinders with a power reserve of 40 hours, with 17 rubies that convert the nickel-silver association into an accurate instrument.

Horloger pionnier, Wilhelm Rieber n'a créé que douze de ces montres fascinantes, aussi exclusives que la berline du même nom. Douze cylindres dotés d'une réserve de marche de 40 heures sont logés dans un boîtier en or rose de 18 carats, avec 17 rubis qui font de cette combinaison nickel-argent un instrument de précision.

Tophorlogemaker Wilhelm Rieber heeft slechts twaalf van deze fascinerende horloges gecreëerd, die even exclusief zijn als de sedan van dezelfde naam. In de behuizing van 18-karaats roze goud bevinden zich 12 cilinders met een stroomreserve van 40 uur, met 17 robijnen die de combinatie van nikkel en zilver tot een nauwkeurig instrument omtoveren.

Model in platinum

Jules Audemars Minute Repeater Tourbillon Chronograph

Audemars Piguet | www.audemarspiguet.com

The world's oldest manufacturer still in the hands of the founders has created this extremely complicated, mechanical and hand-wound wristwatch in an 18-carat pink gold and in a 950 platinum version for roughly €275,000 or €300,000. Its sapphire caseback, reveals its movement and the ingenuity inside.

La plus ancienne manufacture au monde, toujours dirigée par ses fondateurs, a créé cette montre-bracelet à remontage manuel et mécanique extrêmement compliquée. Elle existe en or rose 18 carats et en version platine 950 et coûte entre € 275.000 et € 300.000. Son verso en glace saphir expose fièrement le mouvement et l'ingéniosité intérieure.

's Werelds oudste fabriek, nog steeds in handen van de oprichters, heeft een uiterst exclusief gecompliceerd, mechanisch en handgewonden polshorloge ontworpen in een 18-karaats roze goud uitvoering en in een 950 platinaversie voor ruwweg € 275.000 of € 300.000. De saffieren achterkant van de behuizing onthult het gangwerk en de vernuftigheid binnenin.

Model in pink gold

Le Brassus, 1735

Blancpain | www.blancpain.com

Named after the year Jehan-Jacques Blancpain opened his first factory, this ultra-slim, limited edition, platinum wristwatch has an 80 hour power reserve and boasts a half-dozen complications for €680,000.

Baptisée 1735, en commémoration de l'année où Jehan-Jacques Blancpain ouvrit sa première manufacture, cette montre-bracelet en platine ultraplate, produite en édition limitée, possède une réserve de marche de 80 heures et exhibe une demi-douzaine de complications, pour une valeur de € 680.000.

Dit ultraslanke platina polshorloge met beperkte oplage, vernoemd naar het jaar waarin Jehan-Jacques Blancpain zijn eerste fabriek opende, heeft een stroomreserve van 80 uur en kan bogen op een half dozijn complicaties voor € 680.000.

Léman, Tourbillon Grande Date

Blancpain | www.blancpain.com

Canceling the watch-rate inaccuracies caused by the earth's gravitational attraction, the Tourbillon's mobile carriage that balances and compensates for this error is visible through the cutout window.

Capable d'éliminer les imprécisions de marche dues à la gravitation terrestre, la cage mobile du tourbillon qui oscille et compense ces écarts est visible par le guichet.

De mobiele behuizing van de Tourbillon elimineert de onnauwkeurigheden in de horlogesnelheid die worden veroorzaakt door de zwaartekracht, balanceert en compenseert die fout, en is zichtbaar door de vensteruitsnijding.

Parmigiani
Bugatti Type 370

Parmigiani Fleurier | www.parmigiani.com

This watch is limited to 160 pieces, and turns time telling on its side with the first-ever transversal movement; the position of its mechanism is similar to the car engine construction inspired by the classic Italian automaker Bugatti, creating a sports car for the wrist.

Cette montre limitée à 160 pièces affiche l'heure sur le côté avec le premier mouvement transversal de tous les temps. La disposition du mécanisme rappelle la construction d'un moteur de voiture et s'inspire du constructeur italien Bugatti en créant une voiture de sport pour le poignet.

Dit horloge heeft een beperkte oplage van 160 stuks en zet de tijdsberekening op haar kop met het eerste transversale gangwerk ooit; de positie van het mechanisme is gelijk aan de constructie van de automotor die werd geïnspireerd door de klassieke Italiaanse autobouwer Bugatti, wat resulteert in een sportwagen voor de pols.

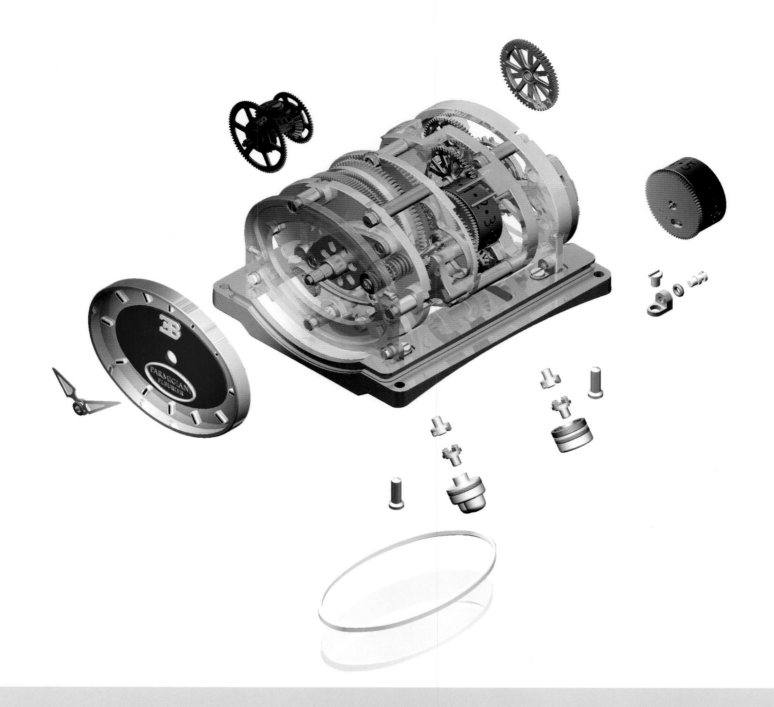

Baguette Tourbillon

Chopard | www.chopard.com

This illustrious bejeweled L.U.C. Tourbillon wristwatch is one of the most expensive ever made at €800,000, with 60 carats of diamonds fully set with baguette and pave diamonds in 18 carat white gold.

L'illustre montre-bracelet sertie L.U.C. Tourbillon est l'une des plus onéreuses jamais produites, d'une valeur de € 800.000. Elle est entièrement sertie de diamants baguette 60 carats et pavée de diamants dans de l'or blanc 18 carats.

Dit illustere, met juwelen getooide L.U.C. Tourbillon polshorloge is met zijn € 800.000 één van de duurste die ooit gemaakt zijn, met 60-karaats diamanten volledig gezet met baguette en pavé diamanten in 18-karaats witgoud.

Grande Complication

Grande Complication

IWC | www.iwc.ch

With over 650 mechanical parts, this wristwatch features a self-winding chronograph movement with minute repeater, perpetual calendar, and moon phase indicator. Limited to 50 pieces per year it is available for roughly €185,000, the platin model with platin watchstrap for €250,000.

Avec plus de 650 pièces mécaniques, cette montre-bracelet est dotée d'un mouvement chronographe automatique à répétition minutes, d'un calendrier perpétuel et d'un indicateur des phases de lune. Limitée à 50 pièces par an, elle est disponible pour environ € 185.000. Le modèle en platine avec bracelet en platine, quant à lui, s'élève à € 250.000.

Met meer dan 650 mechanische onderdelen heeft dit polshorloge een zelfwindende stopwatchme-chaniek met minuutherhaling, oneindige kalender en maanfase-indicator. Met een beperkte oplage van 50 exemplaren per jaar is het verkrijgbaar voor ongeveer € 185.000, het platinamodel met platina horlogebandje voor € 250.000.

Big Pilot's Watch

Portuguese Perpetual Calendar

Portuguese Perpetual Calendar

Big Pilot's Watch

Watch Turner

Scatola del Tempo | www.scatoladeltempo.com

With rotors equipped with a high precision micro-motor commanded by a microprocessor, these beautifully finished watch cases are designed to wind up valuable and unique watches.

Rotors équipés d'un micromoteur de haute précision commandé par un microprocesseur, telles sont les caractéristiques de ces boîtiers de montre d'une finition magnifique, conçus pour remonter des montres précieuses et exclusives.

Deze prachtig afgewerkte horlogebehuizingen, met rotoren die zijn uitgerust met een uiterst precieze micromotor die wordt gecontroleerd door een microprocessor, zijn ontworpen om waardevolle en unieke horloges op te winden.

Gresham

Made-to-Order Boots

Edward Green & Co Ltd. | www.edwardgreen.com

Edward Green has become discreetly famous for producing the finest Goodyear welted shoes in the world. Now frequently collected just as men collect wristwatches, these custom boots are handcrafted by a team of experienced craftsmen using specially selected leathers such as fine calfskin and suede.

Edward Green est devenu discrètement célèbre en produisant les chaussures à trépointe Goodyear les plus sophistiquées au monde. Désormais collectionnées comme les hommes collectionnent les montres, ces bottines sur mesure sont faites à la main par une équipe d'artisans émérites à l'aide de cuir sélectionnés spécialement, vachette ou daim de qualité supérieure, par exemple.

Edward Green is op een discrete manier beroemd geworden voor het maken van de meest verfijnde binnengenaaide Goodyear-schoenen ter wereld. Deze op maat gemaakte laarzen, die tegenwoordig net zoals polshorloges door heren worden verzameld, zijn met de hand vervaardigd door een team ervaren vaklui die gebruik maken van speciaal uitgekozen ledersoorten zoals fijn kalfsleer en suède.

Galway

Warwick

Klemann Bespoke Shoes

Klemann | www.klemann-shoes.com

Every custom ordered shoe is hand-sewn and individually created to perfectly suit the customer's foot and guarantees unique quality. Bespoke shoes are therefore the ultimate for everyone who appreciates the magic of individuality.

Chaque chaussure commandée sur mesure est cousue main et créée de manière personnalisée pour aller parfaitement au pied du client. C'est la garantie d'une qualité incomparable. Les chaussures sur mesure sont le must pour les personnes qui recherchent la magie de l'originalité.

Elke op bestelling gemaakte schoen is met de hand genaaid en individueel gecreëerd om perfect rond de voet van de klant te passen en garandeert een unieke kwaliteit. Op maat gemaakte schoenen zijn dan ook het ultieme voor iedereen die de magie van individualiteit apprecieert.

accessories and gadgets

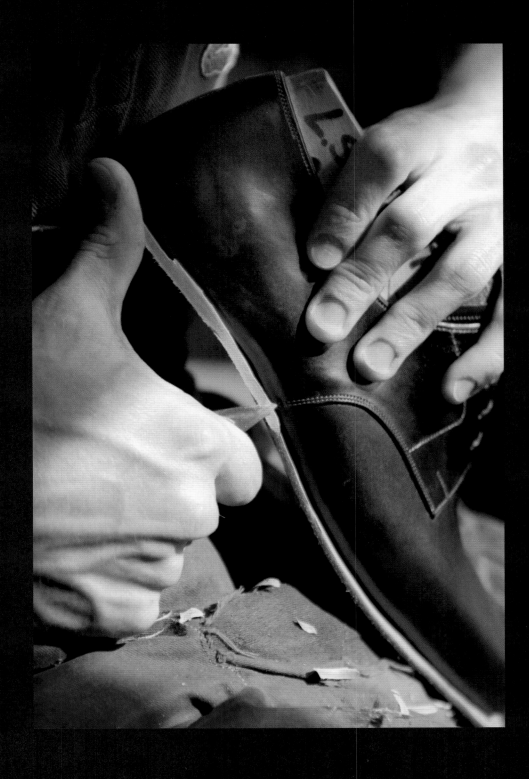

Belt Buckles
by Roland Iten

The House of Eight | www.houseofeight.com

These belt buckles, available in white or rose gold with titanium, retail from €15,000 and feature an ingenious expandable mechanism that allows the wearer to reduce the pressure on his stomach discreetly by exactly 35 mm by running on miniature ball bearings with over 108 moving parts. All pieces are set with diamonds, some up to 2,888 diamonds. These fine products are based on international patents, are made with only the finest materials and processes in Switzerland, carry individual serial numbers and are sold in limited edition series of 88 pieces.

Ces boucles de ceinture, disponibles en or blanc ou rose et en titane, coûtent € 15.000 et sont dotées d'un mécanisme expansible fort ingénieux qui permet à celui qui la porte de réduire discrètement la pression exercée sur son estomac d'exactement 35 mm en actionnant les roulements à billes miniatures constitués de plus de 108 pièces mobiles. Toutes les boucles sont serties de diamants, certaines en comptent jusqu'à 2.888. Ces articles raffinés, basés sur des brevets internationaux, sont exclusivement fabriqués en Suisse à partir de matériaux et de processus d'excellence, ils portent des numéros de série et sont vendus en séries limitées de 88 pièces.

Deze broekriemen, verkrijgbaar in wit of roze goud met titanium, gaan over de toonbank vanaf € 15.000 en hebben een ingenieuze uitrekbare gesp waarmee de drager de druk op zijn buik discreet kan verminderen met precies 35 mm, met behulp van miniatuur kogellagers met meer dan 108 bewegende onderdelen. Alle stukken zijn belegd met diamanten, sommige zelfs met 2.888 stuks. Deze voortreffelijke producten zijn gebaseerd op internationale patenten, worden enkel met de fijnste materialen en processen vervaardigd in Zwitserland, dragen een individueel serienummer en wordt verkocht in een beperkte oplage van 88 exemplaren.

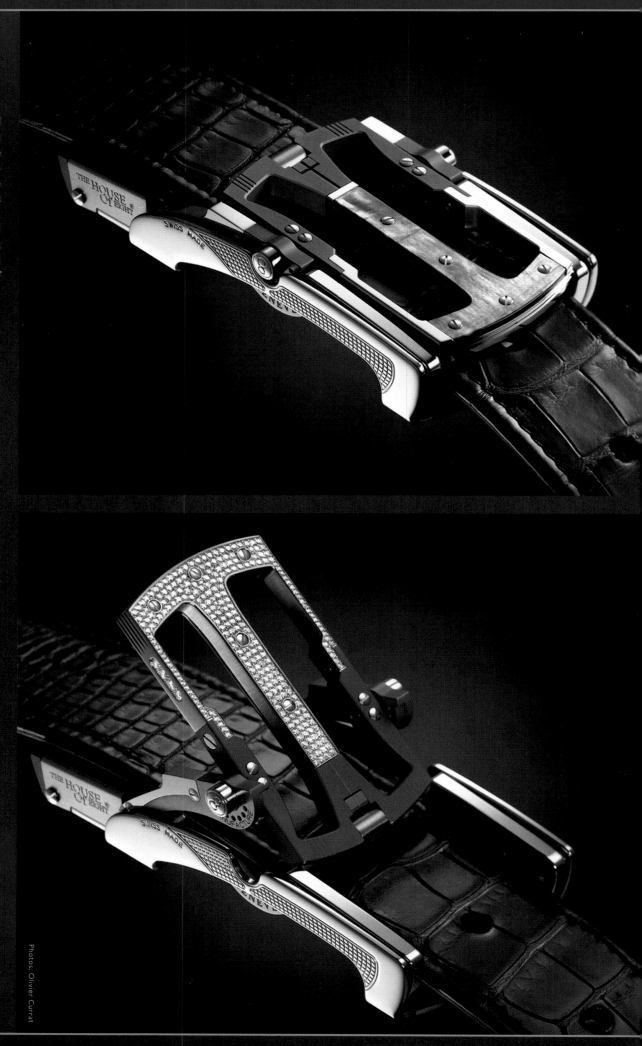

Photos: Olivier Currat

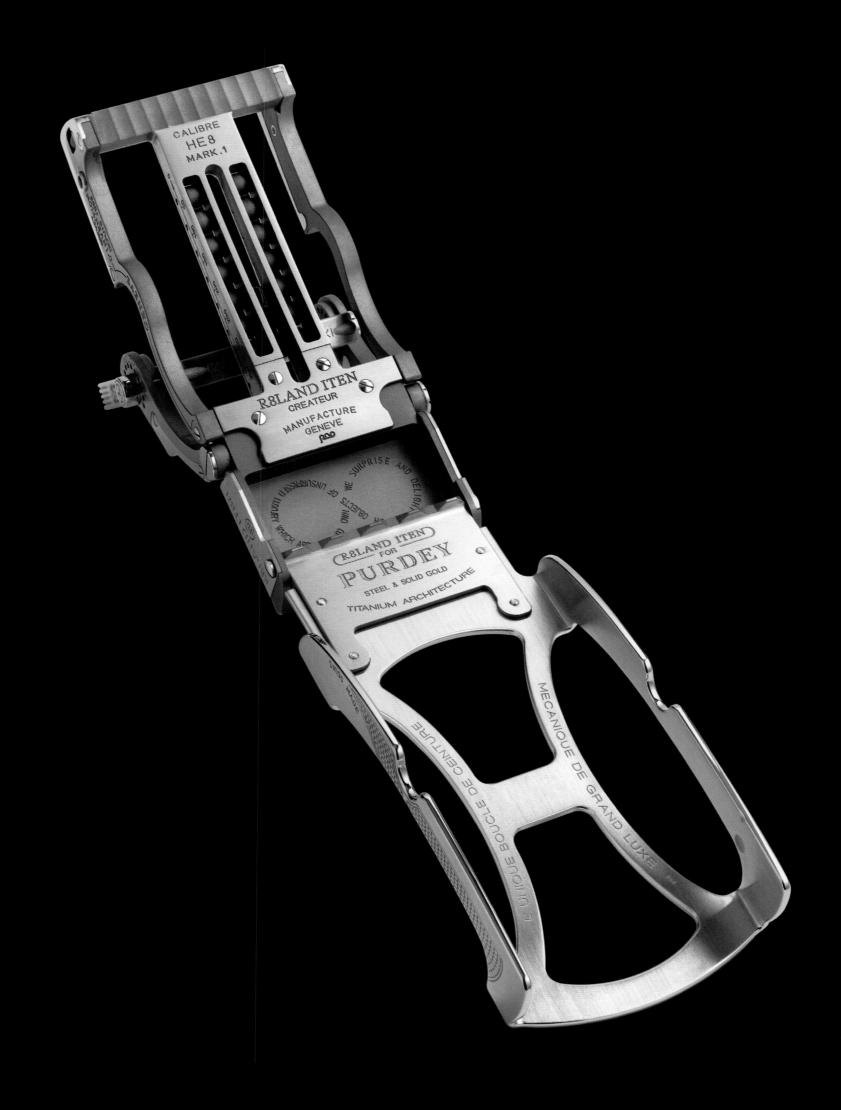

Chrome Hearts
Belt and Buckle

Chrome Hearts | www.chromehearts.com

This classic oval belt from Chrome Hearts is available in Sterling Silver, 22K Gold, White Gold or Platinum, with or without precious gemstones. Price as shown: €215,000.

Cette ceinture ovale classique de Chrome Hearts est disponible en argent sterling, en or 22 carats, en or blanc ou en platine ainsi qu'avec ou sans pierres précieuses. Prix du produit à gauche : € 215.000.

Deze klassieke ovalen riem van Chrome Hearts is verkrijgbaar in zuiver zilver, 22-karaats goud, witgoud of platina, met of zonder kostbare edelstenen. Prijs van het afgebeelde model: € 215.000.

Photo: Thierry Bearzatto

UrbanWalker

Montblanc | www.montblanc.com

The UrbanWalker luxury men's platinum cuff-links feature a Montblanc White Star that seems to float within the translucent resin, available for €230.

Les boutons de manchette de luxe pour homme UrbanWalker, d'une valeur de € 230, portent l'étoile blanche de Montblanc qui semble flotter dans la résine translucide.

De UrbanWalker luxe platina manchetknopen voor heren zijn voorzien van een Montblanc White Star die in de doorschijnende hars lijkt te drijven, en zijn verkrijgbaar voor € 230.

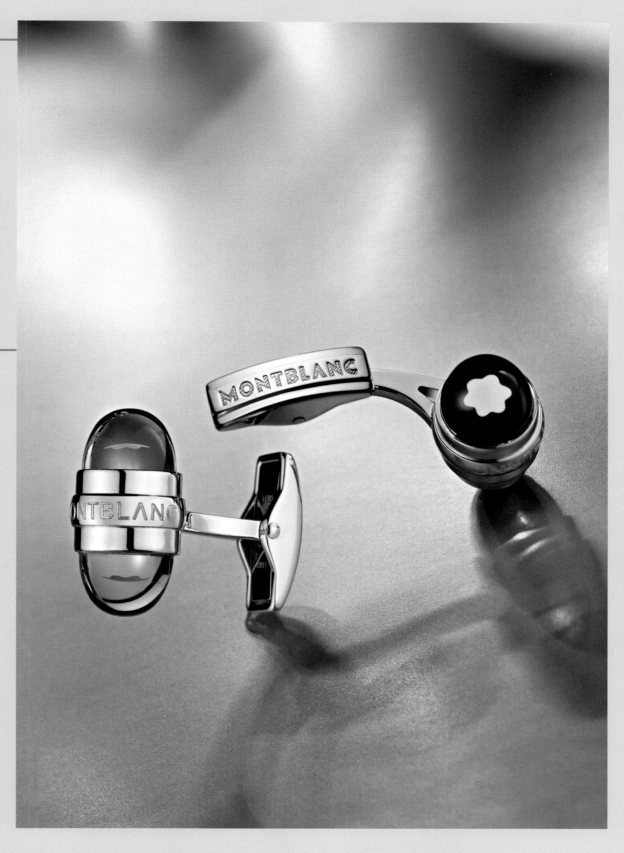

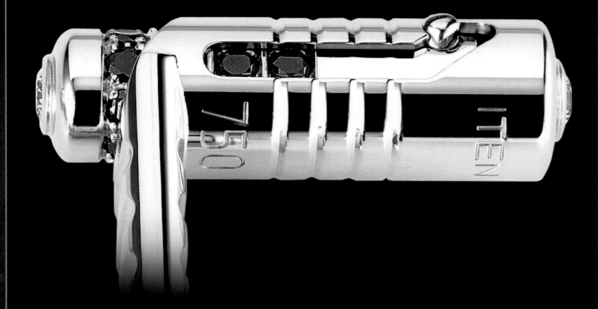

"Release"

Cuff-links
by Roland Iten

The House of Eight | www.houseofeight.com

Appealing to the discerning gentlemen's fascination for hi-precision mechanical watches, Roland Iten creates hi-precision accessories such as mechanical cuff-links and shoe tips for men. With the push of a button, the Z8RRO collection is the most technically advanced cuff-links ever created for €5,000. Its clever system of sixteen moving parts change relatively sober white or rose gold cuff-links by day into a diamond accented look when a little more flash is required. Touch a button and diamond encrusted "bullets" hiss out from Z8RRO's z-form. Mr. Bond couldn't do better.

Invoquant la fascination des hommes subtils pour les montres mécaniques de haute précision, Roland Iten a créé des accessoires dans le même esprit, des boutons de manchette et des lacets mécaniques, par exemple. Actionnés grâce à une touche spéciale, les boutons de manchette Z8RRO, d'une valeur de € 5.000, sont les plus avancés techniquement jamais créés. Leur système intelligent constitué de seize pièces mobiles troque les boutons relativement sobres en or blanc ou rose de la journée contre des diamants lorsque un peu plus d'exubérance est la bienvenue. Touchez un bouton et des « balles » incrustées de diamants fuseront du Z8RRO. Mr. Bond ne pouvait pas mieux faire.

Zeer aantrekkelijk voor de scherpzinnige gentleman die gefascineerd is door uiterst precieze mechanische horloges, zijn de zeer precieze accessoires van Roland Iten, zoals mechanische manchetknopen en schoentippen. Met een druk op de knop is de Z8RRO-collectie technisch gezien de meest geavanceerde set manchetknopen die ooit ontworpen werd, en dit voor € 5.000. Het vernuftige systeem van zestien bewegende onderdelen tovert de relatief sobere wit- of roze gouden manchetknopen voor overdag om tot een diamantlook als er wat meer schittering vereist is. Druk op een knop en de met diamanten belegde „kogels" komen zachtjes uit Z8RRO's z-vorm. Daar staat zelfs Mr. Bond van te kijken.

R8LAND ITEN
CREATEUR
GENEVE

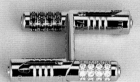 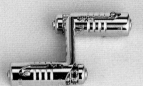

ZOR
r8

BREVET D'INVENTION
ROLAND A.K. ITEN

SH8E J8UE
by Roland Iten

The House of Eight | www.houseofeight.com

Details make the man, and with SH8E J8UE your personal style goes right down to the end of your shoelaces for €1,500. Built with the same mechanical ingenuity you'd expect from a premier Swiss watch, these shoe ornaments grip your laces with a patented "threading" system mechanism that glides the shoe string through the piece and stays put. Executed in solid rose or white gold with eight expertly set diamonds on each tip, you'll never look down on your shoes again.

Les détails font l'homme et grâce au SH8E J8UE votre style vient se placer à l'extrémité de vos lacets. D'une valeur de € 1.500, construits avec la même ingéniosité mécanique attendue d'une montre suisse, ces ornements pour chaussures attachent vos lacets selon un mécanisme « d'enfilage » breveté qui fait glisser le lacet dans le SH8E J8UE, puis reste en place. Fabriqué en or rose ou blanc massif et enrichi de huit diamants savamment sertis à chaque extrémité, vous ne regarderez plus jamais vos chaussures de haut.

Details maken de man, en met SH8E J8UE reikt uw persoonlijke stijl tot aan de tippen van uw schoenveters voor € 1.500. Deze schoenornamenten, vervaardigd met dezelfde mechanische vernuftigheid die u van een eersteklas Zwitsers horloge kunt verwachten, grijpen uw veters met een gepatenteerd "draad"systeem dat de schoenveter door het gaatje schuift en blijft vastzitten. Uitgevoerd in massief roze of witgoud met acht vakkundig gezette diamanten op elke tip. U zult nooit meer neerkijken op uw schoenen.

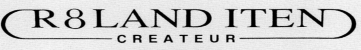

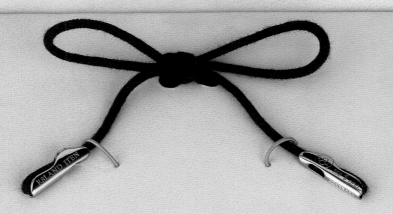

SHOE
JOUE
BREVET D'INVENTION
ROLAND A.K. ITEN

Pen of the Year 2004

Graf von Faber-Castell
www.graf-von-faber-castell.com

The Pen of the Year 2004 is the second in an annual series of limited-edition fountain pens, each featuring an unusual natural material. This fountain pen's barrel is made of amber rings that were individually processed, polished and combined with platinized rings. The master craftsman of the Amber Room's restorers, Boris Igdalov, personally took on the task of creating the Pen of the Year 2004—a work that comes close to the artistic inlay and carvings of the Amber Room in its craftsmanship and attention to detail.

Le stylo de l'année 2004 est le deuxième d'une édition annuelle limitée de stylos-plumes, mettant chacun en vedette un matériau naturel inhabituel. Ce corps de stylo-plume est composé de bagues d'ambre individuellement traitées, polies et combinées avec des anneaux de platine. Le maître-artisan des restaurateurs de la Salle d'Ambre, Boris Igdalov, s'est chargé personnellement de créer le Stylo de l'année – un travail proche de la marqueterie artistique et des sculptures de la Salle d'Ambre, l'égalant ainsi en termes d'art artisanal et de précision dans le détail.

De Pen van het Jaar 2004 is de tweede in een jaarreeks van vulpennen met beperkte oplage, elk met een ongewoon natuurlijk materiaal. De schacht van deze vulpen is vervaardigd van amberringen die individueel bewerkt, gepolijst en gecombineerd zijn met geplatineerde ringen. De meestervakman van de restaurateurs van de Amber Room, Boris Igdalov, ontwierp persoonlijk de Pen van het Jaar 2004 – een werk dat het artistieke inlegwerk en snijwerk van de Amber Room sterk benadert in zijn vakmanschap en oog voor detail.

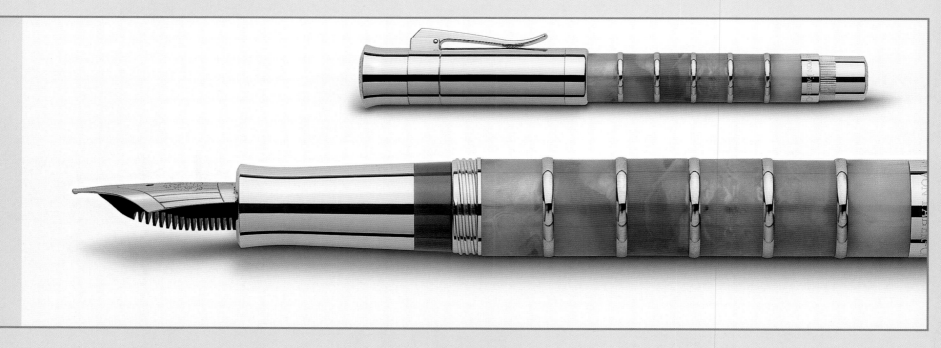

Pen of the Year 2006

Graf von Faber-Castell
www.graf-von-faber-castell.com

Exclusive materials of the highest quality are chosen for the Pen of the Year. The limited edition of 2006, a fountain pen with a barrel made of mammoth ivory and ebony, is yet another example of artful craftsmanship. In elaborate inlay work, little plates of ivory are let into an ebony framework. Inside the end cap is a stylized mammoth engraved with the initials of the master craftsman from the gild of ivory carvers as a guarantee that the fossil ivory is genuine.

Des matériaux exclusifs de la plus grande qualité ont été sélectionnés pour le stylo de l'année. L'édition limitée de 2006, un stylo-plume avec un corps en ivoire de mammouth et en ébène, est un autre exemple de l'art artisanal. Dans un travail de marqueterie élaboré, de petites plaques d'ivoire sont serties dans une structure en ébène. Sur la face inférieure de l'embout sont gravés un mammouth stylisé avec les initiales du maître-artisan de la guilde des sculpteurs d'ébène garantissant que l'ivoire fossilisé est véritable.

Voor de Pen van het Jaar worden exclusieve materialen van de allerbeste kwaliteit geselecteerd. De beperkte oplage van 2006, een vulpen met een schacht van mammoetivoor en ebbenhout, is een zoveelste staaltje van kunstig vakmanschap. Met behulp van zeer fijn uitgewerkt inlegwerk worden ivoren plaatjes in een ebbenhouten frame gelaten. Binnen de afsluitdop zijn een gestileerde mammoet en de initialen van de meestervakman van de gilde van ivoorsnijders gegraveerd als garantie dat het fossiele ivoor echt is.

Porsche Design – P'3140

Porsche Design | www.porsche-design.com

What admirers of Porsche Design writing implements particularly value is the harmonious interplay of technical perfection and sporty elegance. The new P'3140 lives up to expectations with its clean lines and robust but innovative engineering. The special thing about the P'3140 is the new shake principle. A brief flick of the wrist, and the point extends for writing. The innovative mechanism also makes it very compact: light in weight and only 11 cm long, it fits any pocket or wallet.

Les admirateurs du matériel d'écriture de Porsche Design apprécient particulièrement le jeu harmonieux entre perfection technique et élégance sportive. Le nouveau P'3140 répond aux attentes de l'utilisateur avec ses lignes claires et sa fabrication robuste mais innovante. Le P'3140 se distingue par un nouveau principe de fonctionnement dit „shake" : un bref mouvement du poignet suffit pour faire sortir la pointe et écrire. Grâce à ce mécanisme innovant, ce stylo est également un objet très compact : léger et mesurant seulement 11 cm de long, il se range dans n'importe quelle poche ou quel portefeuille.

Wat bewonderaars van schrij
Porsche Design in het bijzonde
harmonieuze wisselwerking va
fectie en sportieve elegantie.
lost de verwachtingen in met zij
robuuste, maar innovatieve co
zondere aan de P'3140 is het nieu
Een korte beweging met de pols,
en u kunt schrijven. Het innova
maakt ze ook erg compact: lich
lang, past ze in elke zak of porte

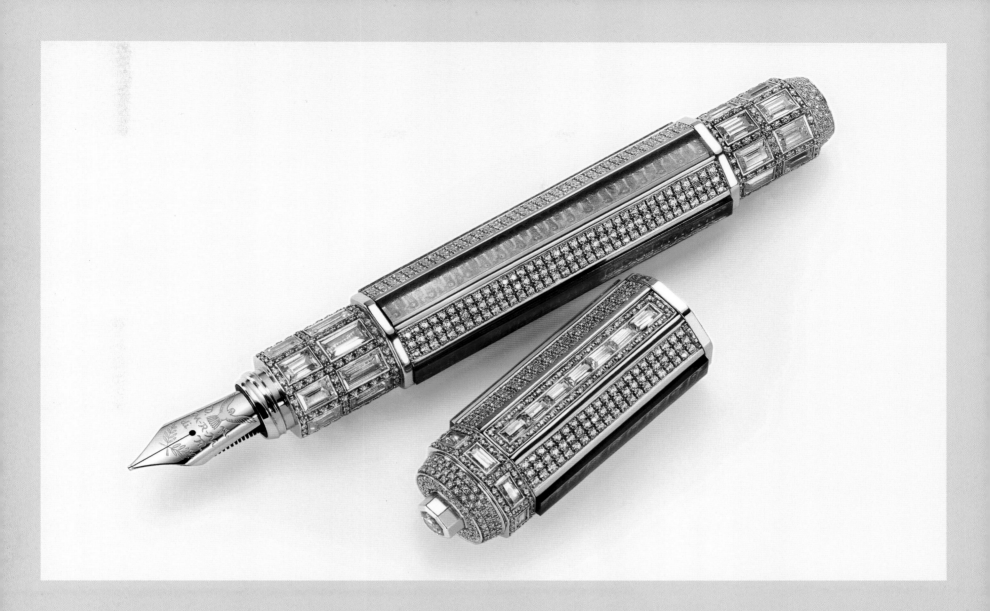

Montegrappa Peace Pen

Montegrappa Pen | www.montegrappa.com

Montegrappa and the internationally renowned artist David Montalto di Frangito chose to create this unique piece made of solid Platinum and decorated with stipple-engraved, Baccarat glass panels and 1,259 diamonds totaling to 48 carats in all.

Montegrappa et l'artiste de renommée internationale David Montalto di Frangito ont choisi de créer cette pièce unique en platine massif, habillée de gravure au pointillé, de cristal de Baccarat et de 1.259 diamants, pour un total de 48 carats.

Montegrappa en de internationaal vermaarde artiest David Montalto di Frangito kozen ervoor om dit unieke stuk te creëren, vervaardigd van 100% platina en versierd met Baccarat-glaspanelen met gegraveerde stippels en 1.259 diamanten van in totaal 48 karaat.

La Modernista Diamonds

Caran d'Ache | www.carandache.com

This rhodium-coated sterling silver fountain pen is pave-set with more than 5,000 diamonds totaling 20 carats. The Caran d'Ache monogram on top of the cap is formed by 96 rubies. Everything is hand set by a master jeweller and requires six months to complete.

Corps en argent premier titre recouvert de rhodium et serti de plus de cinq mille diamants pleine taille pour un total de 20 carats, et 96 rubis formant le monogramme Caran d'Ache au sommet du capuchon, le tout monté à la main par un maître joaillier au bout de six mois de labeur.

Het Caran d'Ache-monogram op de kroon van elke dop wordt gevormd door 96 robijnen en geflankeerd door zilveren panelen met rodium-coating, afgewerkt met meer dan 5.000 geslepen diamanten van in totaal 20 karaat. Alles is met de hand gezet door een meesterjuwelier en vergt zes maanden afwerking.

Meisterstück Solitaire 100

Montblanc | www.montblanc.com

This 100 year anniversary special edition fountain pen made of yellow, red or white gold ist harmonically structured by Mammut inlays. A patented star-shaped diamond decorates the captop. The edition is limited on 100 pieces, available for €15,000.

Ce stylo-plume conçu pour l'édition spéciale du 100ème anniversaire en or jaune, rouge ou blanc est harmonieusement structuré par des incrustations de mammouth. Un diamant en forme d'étoile orne le capuchon. L'édition est limitée à 100 unités, au prix de € 15.000 chacune.

Deze speciale vulpen ter gelegenheid van de 100ste verjaardag, vervaardigd van geel, rood of witgoud, is harmonisch gestructureerd door mammoet-inlegwerk. De top van de dop is versierd met een gepatenteerde stervormige diamant. Deze oplage is beperkt tot 100 stuks, verkrijgbaar voor € 15.000.

The Gates of the Bosphorus Humidor, Chain Humidor

LINLEY | www.davidlinley.com

This British furniture maker creates the most opulent humidors in the world, some celebrating the style of the palaces of Bosphorus with intricately carved wood, metal details, and panels with secret drawers.

Ce fabricant de mobilier britannique crée les boîtes à cigares les plus somptueuses au monde. Certaines, avec leur bois aux sculptures tortueuses, leurs détails métalliques et leurs tiroirs secrets, rappellent le style des palaces du Bosphore.

Deze Britse meubelmaker creëert de meest weelderige humidors ter wereld, waarvan sommige zijn opgedragen aan de stijl van de paleizen van de Bosporus, met complexe houtuitsnijdingen, metalen details en panelen met geheime laden.

The Gates of the Bosphorus Humidor

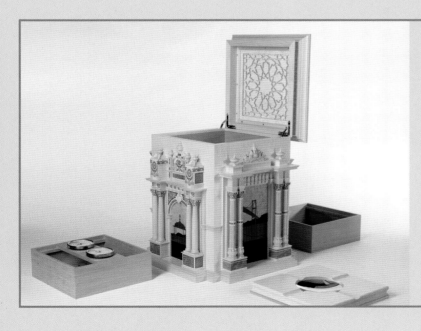

Chain Humidor

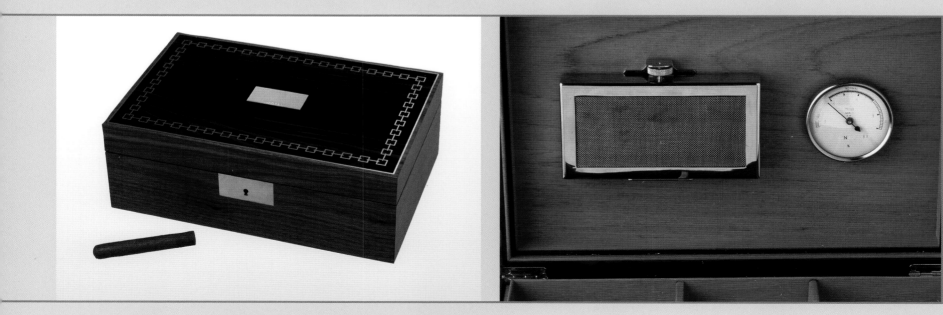

HUMID'OR

Laura Chavin Cigars | www.laura-chavin.com

More like a piece of art than a cigar holder, the €17,000 humidor monitors and regulates moisture in the top and bottom chambers, adjusting conditions as needed with a microchip that records the humidity and temperature every half-hour. The stainless-steel corpus of the "maison des cigares" consisting of 30 components gets into an organic contact with the luxury leather covering. Inside a high tech sponge creates an adequate climate.

Ressemblant davantage à des œuvres d'art qu'à des boîtes à cigares, ces modèles valant € 17.000 contrôlent et régulent l'humidité dans les chambres supérieures et inférieures, ajustant les conditions selon les besoins grâce à une micropuce qui relève l'humidité et la température toutes les demi-heures. Le corps en acier inox de la « maison des cigares » composé de 30 éléments entre en contact organique avec la couverture en cuir de luxe. A l'intérieur, une éponge high tech crée un climat adéquat.

De humidor van € 17.000, veeleer een kunstvoorwerp dan een sigarenhouder, controleert en regelt het vocht in de boven- en onderkamers, en past de omstandigheden aan met behulp van een microchip die de vochtigheid en temperatuur om het half uur registreert. De roestvrijstalen behuizing van het "maison des cigares" bestaande uit 30 componenten treedt in een organisch contact met de luxueuze lederen bedekking. Binnenin creëert een hoogtechnologische spons een geschikt klimaat.

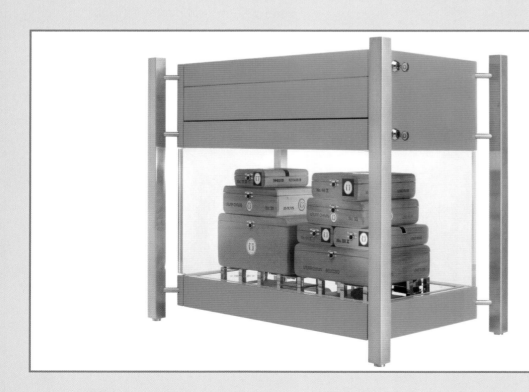

"maison des cigares"

Humidor

H. E. Design | www.h-e-design.de

These humidor cases by H. E. Design not only function to preserve the rarest personal cigar collection, but serve as exquisite artwork for any shelf. The entire case is manufactured of solid wood and is lined inside with Spanish cedar.

Ces boîtes à cigares signées H. E. Design ne se contentent pas de préserver les collections de cigares les plus rares, mais, véritables œuvres d'art elles peuvent décorer toutes les étagères. Tout le boîtier est en bois massif et tapissé de cèdre espagnol.

Deze humidorbehuizingen van H. E. Design dienen niet alleen om de zeldzaamste privé-sigarencollecties te beschermen, maar functioneren ook als verfijnd kunstwerk op eender welke plank. De volledige behuizing is vervaardigd van massief hout en is aan de binnenkant gevoerd met Spaanse ceder.

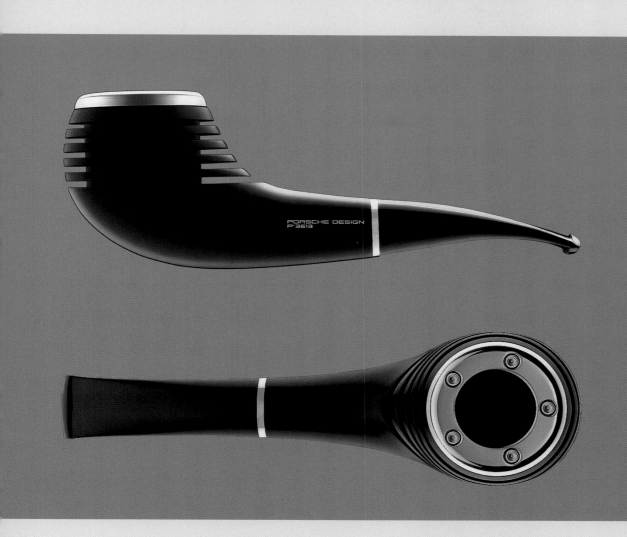

Porsche Design – P'3613

Porsche Design | www.porsche-design.com

Made of the finest quality briar with an acrylic mouthpiece, this beautifully shaped, slightly bent pipe offers excellent smoking qualities with the purist style of Porsche Design. The pipe is a relaunch of a design from 1983. Cooling ribs cut into the material produce a thermal cooling effect.

Fabriquée dans de la bruyère de grande qualité avec un embout buccal, cette pipe légèrement courbée et merveilleusement façonnée permet de fumer avec plaisir tout en profitant du style puriste de Porsche Design. La pipe est une reprise d'un design datant de 1983. Des nervures ventilées découpées dans le matériau produisent un effet refroidissant thermique.

Deze prachtig gevormde, licht gebogen pijp, vervaardigd van het allerfijnste bruyèrehout met een mondstuk van acryl, combineert een voortreffelijke rookkwaliteit met de puristische stijl van Porsche Design. De cilinder is een herlancering van een design uit 1983. In het materiaal gesneden koelribben produceren een thermisch koeleffect.

Groom Centers

Hommage | www.hommage.com

Parisian manufacturer Hommage created this platinum-plated limited edition grooming set that comes with a weighted stand, silver-tip badger hair brush and magnetic razor with rubber handles. For €5,000, it comes in a pear wood box that can also be used as a humidor.

Le fabricant Parisien Hommage a créé ce nécessaire de rasage plaqué platine en édition limitée. Il est doté d'un support massif, d'un blaireau dont le manche est en argent et d'un rasoir magnétique avec une poignée en caoutchouc. Pour € 5.000, il est proposé dans une boîte en poirier qui peut également être utilisée comme boîte à cigares.

De Parijse fabrikant Hommage creëerde deze met platina bezette verzorgingsset in beperkte oplage, geleverd met een verzwaard statief, borstel van dassenhaar met zilveren tip en magnetisch scheermes met rubberen grepen. Voor € 5.000 wordt het geleverd in een doosje van perenhout dat ook als humidor gebruikt kan worden.

Chicago Groom Center

Monte-Carlo Groom Center

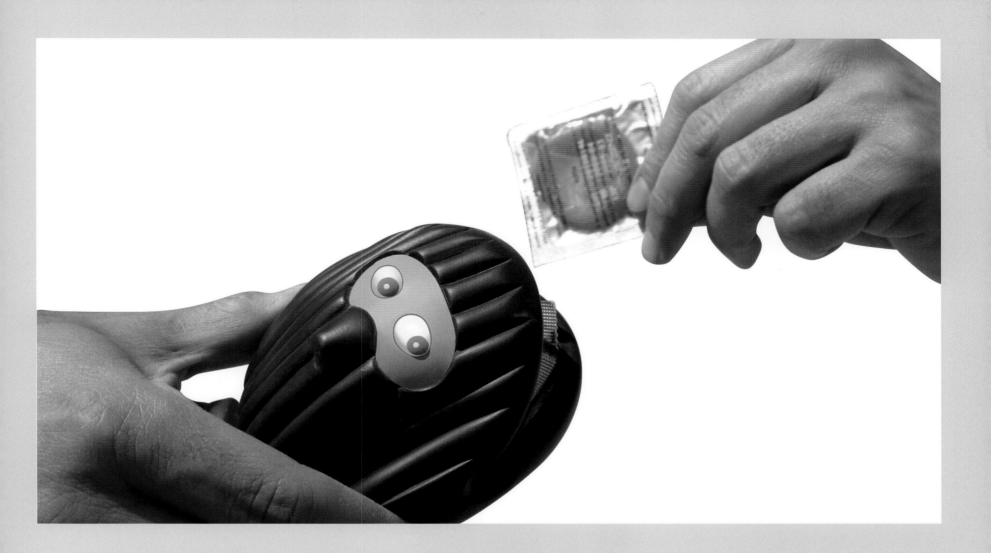

Sub Marcos
Condom Holder

Bala Studio | www.balastudio.com

Created as a tribute to the revolutionary icon of Modern Mexico's "Subcommander Marcos", Bala Studio designed this condom holder as a symbol for the fight against AIDS by producing this humorous object to promote the use of protective sex.

Créé pour rendre hommage à l'icône révolutionnaire du Mexique moderne le sous-commandant Marcos, Bala Studio a conçu ce porte-préservatif. Cet objet plein d'humour est un symbole de la lutte contre le SIDA et vise à promouvoir les relations sexuelles protégées.

Deze condoomhouder, bedoeld als eerbetoon aan de revolutionaire icoon van "ondercommandant Marcos" van Modern Mexico, werd door Bala Studio ontworpen. Dit humoristische object bedoeld om veilige seks te promoten, is een symbool voor de strijd tegen AIDS.

Condom Box

Lorenz Bäumer | www.lorenzbaumer.com

Paris-based jeweller Lorenz Bäumer created this rose gold-plated silver condom box with a bit of witty humor by engraving the top with a copulating couple in one of the favorite Kama Sutra positions.

Le bijoutier parisien Lorenz Bäumer a créé cette boîte à préservatif en argent plaqué d'or rose en faisant preuve d'un peu d'humour puisqu'il y a gravé un couple en train de faire l'amour dans l'une des positions de prédilection du Kamasutra.

De in Parijs gevestigde juwelier Lorenz Bäumer creëerde deze met roze goud belegde zilveren condoomdoos met een vleugje geestige humor door op de bovenkant een copulerend koppel te graveren in een van de favoriete standjes van de Kamasutra.

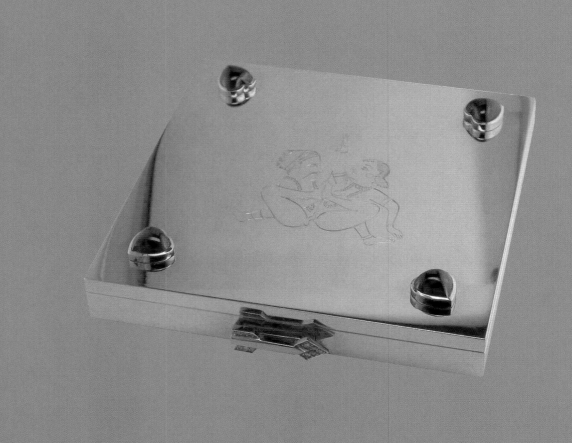

Handcrafted Gun

John Rigby & Company | www.johnrigbyandco.com

Each made-to-order gun takes hundreds of hours of painstaking labor by craftsmen of high order to create these beautifully engraved works of art using the finest material and made specifically to the requirements of the customer who is willing to pay a premium price to own the best.

Chaque pistolet est fait sur commande et il faut des centaines d'heures de travail minutieux aux artisans d'exception pour créer ces œuvres magnifiquement gravées. Fabriqués à partir des matériaux les plus sophistiqués, ces pistolets répondent spécifiquement aux exigences du client, qui est prêt à payer le prix fort pour posséder ce qu'il y a de mieux.

Elk op bestelling gemaakt geweer vergt honderden uren nauwgezette arbeid door hoog aangeschreven vaklui. Deze prachtig gegraveerde kunstwerken maken gebruik van de fijnste materialen en worden specifiek gemaakt volgens de wensen van de klant, die een topprijs wil betalen om het beste in huis te hebben.

Rings

Juergen Schanz Messer | www.schanz-messer.de

Just like their handcrafted knives, Schanz rings are built on tradition and excellent craftsmanship. The Damasteel rings have exquisite stenciling on palladium set in 18 carat white or yellow gold.

À l'instar des couteaux de fabrication artisanale, les bagues Schanz sont synonymes de tradition et de facture d'excellence. Les bagues Damasteel en or blanc ou jaune 18 carats sont magnifiquement teintes au pochoir sur palladium.

Net als de met de hand vervaardigde messen zijn Schanz-ringen gestoeld op traditie en uitstekend vakmanschap. De Damasteel-ringen hebben een verfijnde stencilafdruk op palladium dat in 18-karaats wit- of geel goud is gezet.

Knives and Swords

Juergen Schanz Messer | www.schanz-messer.de

These handcrafted stationary knives take about eight hours in the making; some multifunctional pieces take between 20 and 30 hours, and swords between 40 and 50 hours. Depending on the material used, the prices range between €150 and €2,000 for a stationary hunting knife, and elegant swords start at €2,500.

Il faut environ huit heures pour fabriquer ces couteaux fixes artisanaux ; certaines pièces multi-usages requièrent entre 20 et 30 heures et les sabres de 40 à 50 heures de travail. Selon le matériau utilisé, les prix varient entre € 150 et € 2.000 pour un couteau de chasse, quant aux sabres, le premier prix s'élève à € 2.500.

Deze met de hand vervaardigde messen vergen ongeveer acht uur werk; sommige multifunctionele stukken tussen 20 en 30 uur, en zwaarden tussen 40 en 50 uur. Afhankelijk van het gebruikte materiaal, variëren de prijzen tussen € 150 en € 2.000 voor een jachtmes, en elegante zwaarden beginnen vanaf € 12.500.

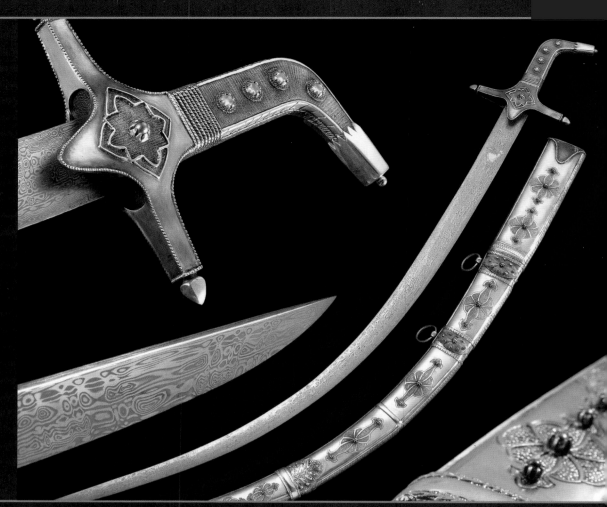

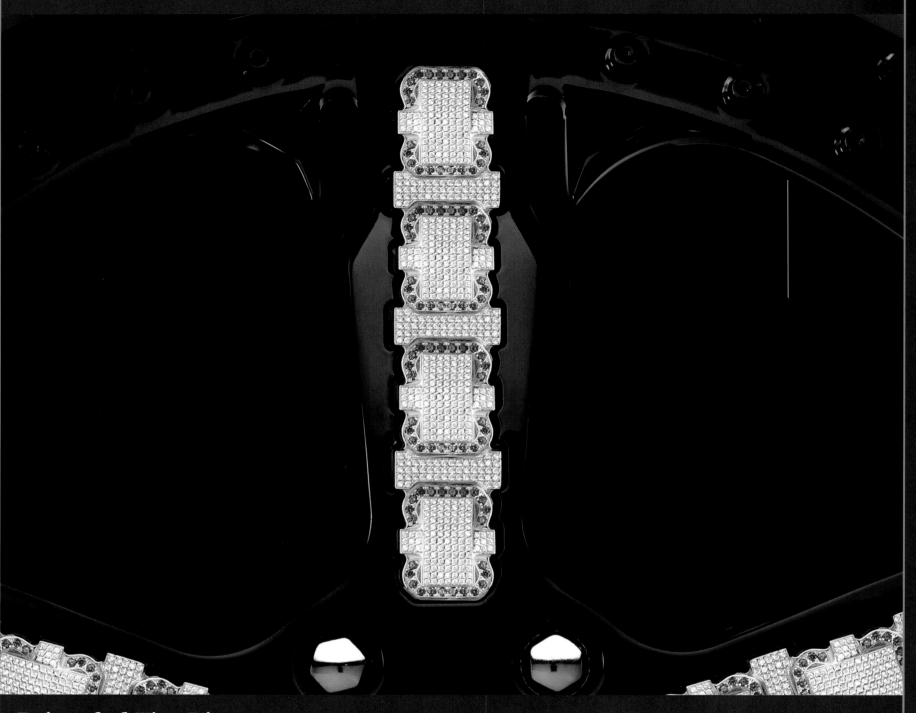

Bejeweled Tire Rims

Asanti | www.asantiwheels.com

Asanti, an elite luxury wheel line by Lexani, is the first to offer the most expensive set of wheels in the world. These Precious Stone Series wheels are adorned with 12,000 diamonds and 800 Sapphires totaling 1,100 carats of precious stones. Each wheel can be custom made with any precious stones the prospective owner desires. The set of four wheels is offered at €780,000. Each purchase includes a new Bentley GT.

Asanti, gamme de roues de luxe par Lexani, est le premier à offrir le lot le plus onéreux de roues au monde. Cette série de roues aux pierres précieuses est ornée de 12.000 diamants et de 800 saphirs totalisant 1.100 carats de pierres précieuses. Chaque roue peut être personnalisée avec n'importe quelles pierres précieuses selon les souhaits du propriétaire. Le lot de quatre roues est proposé à un prix de € 780.000. Chaque achat comprend une nouvelle Bentley GT.

Asanti, een assortiment luxewielen van Lexani voor de elite, geniet de primeur om de duurste set wielen ter wereld te kunnen aanbieden. Deze wielen van de Precious Stone Series zijn versierd met 12.000 diamanten en 800 saffieren, met in totaal 1.100 karaat aan edelstenen. Elk wiel kan op maat worden gemaakt met eender welke edelstenen die de gegadigde wenst. De set van vier wielen wordt aangeboden voor € 780.000. Elke aankoop omvat een nieuwe Bentley GT.

Globe-Trotter
Bespoke Luggage

Globe-Trotter | www.globe-trotterltd.com

This luxurious bespoke luggage is custom made to your specifications with several combinations to choose from and can be personalized to any customer's request.

Ce luxueux bagage est fabriqué sur mesure et personnalisé selon vos souhaits. Il existe plusieurs combinaisons de détails parmi lesquelles choisir et les bagages sont personnalisables selon les désirs du client.

Deze luxueuze bagage is op maat gemaakt naar uw behoeften met keuze uit verscheidene combinaties en wordt op verzoek aan uw persoonlijke wensen aangepast.

i-Trunk

Pinel et Pinel | www.pineletpinel.com

Pinel & Pinel created this luxurious mobile office trunk with the excellent craftsmanship expected from this custom trunk manufacturer. The white leather colt-hide exterior features corrosion-proof nickel-plated copper corners, hinges, and handles.

Pinel & Pinel a créé cette luxueuse malle portable dotée de l'excellente facture propre à ce fabricant de malles personnalisées. Extérieur en cuir blanc façon poulain agrémenté de coins, de charnières et de poignées en cuivre nickelé inoxydable.

Pinel & Pinel creëerde deze luxueuze, mobiele kantoorkoffer met het voortreffelijke vakmanschap dat van deze fabrikant van speciale op maat gemaakte koffers kan worden verwacht. De buitenkant van witlederen veulenhuid is voorzien van corrosiebestendige vernikkelde hoeken, scharnieren en handvaten.

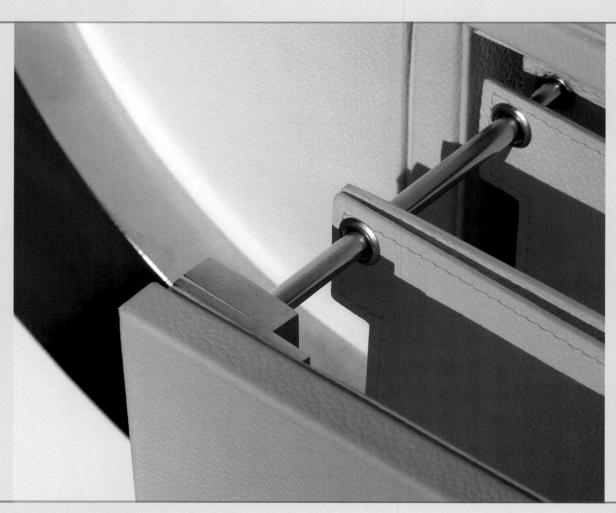

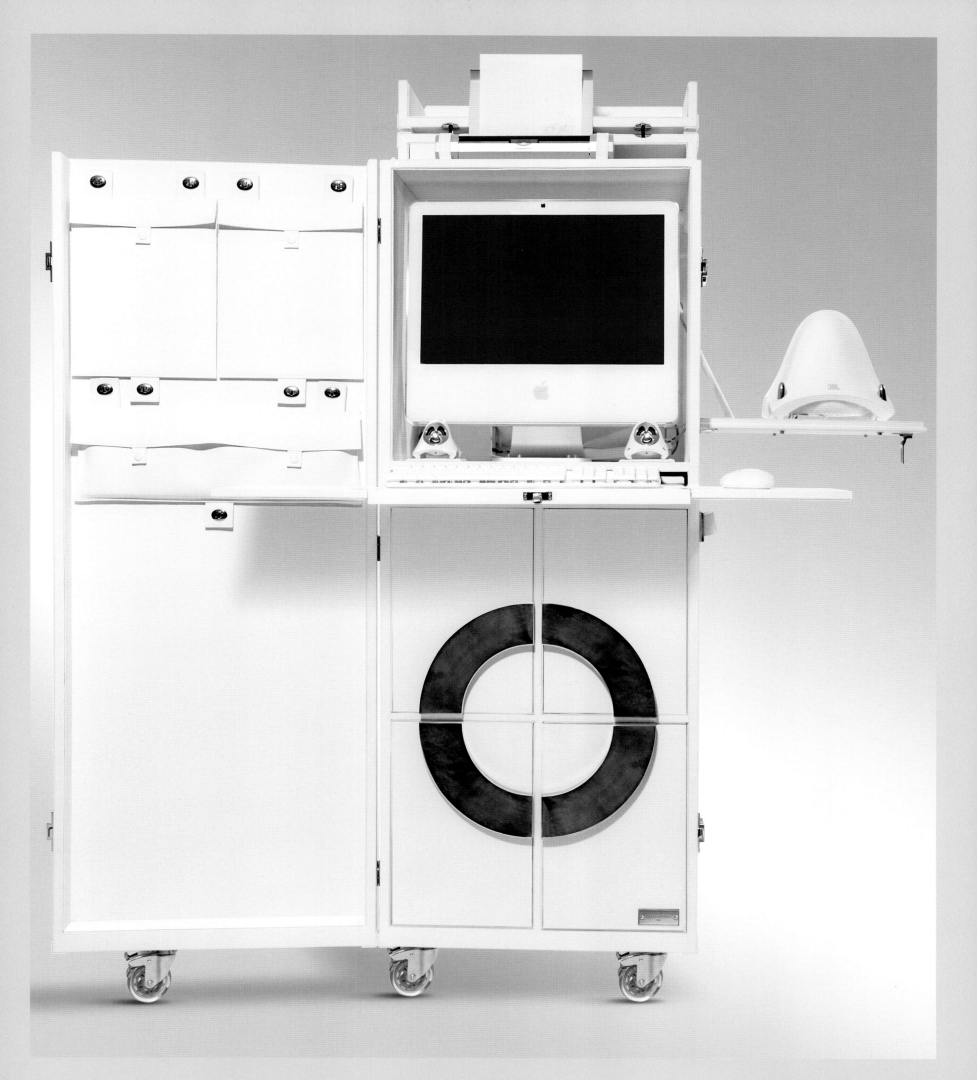

Krug Trunk

Pinel et Pinel | www.pineletpinel.com

This luxury custom trunk designer has joined forces with the prestigious champagne producer Krug to create an ingeniously designed luxury accessory that allows the owner to enjoy the finest vintages in any location desired.

Le célèbre fabricant de malles de luxe personnalisées s'est associé à la maison de Champagne Krug afin de créer un accessoire de luxe ingénieux qui permet à son propriétaire de déguster les grands millésimes où qu'il se trouve.

Deze ontwerper van luxueuze koffers op maat heeft de krachten gebundeld met de prestigieuze champagneproducent Krug om een vernuftig ontworpen luxeaccessoire te creëren dat de eigenaar in staat stelt om op eender welke locatie van de fijnste wijnen te genieten.

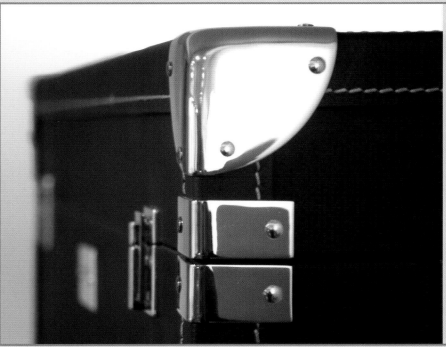

Soprano Trunk

Pinel et Pinel | www.pineletpinel.com

In order to carry your pleasures wherever you go, Pinel & Pinel developed contemporary trunks in the most pure French tradition. Equipped with Bang & Olufsen speakers, this traveling music lounge offers the most luxurious in listening experience for those who enjoy fine music.

Afin que vous puissiez emporter vos petits plaisirs avec vous, où que vous alliez, Pinel & Pinel a conçu ces malles contemporaines dans la plus pure tradition française. Équipé d'enceintes Bang & Olufsen, ce salon de musique de voyage offre l'expérience d'écoute la plus luxueuse qui soit aux amateurs de belles mélodies.

Om uw pleziertjes overal mee naartoe te nemen, heeft Pinel & Pinel moderne koffers ontworpen in de zuiverste Franse traditie. Deze reizende muziekkamer, uitgerust met Bang & Olufsen speakers, biedt de meest luxueuze luisterervaring voor wie van fijne muziek houdt.

Brompton Trunk

Pinel et Pinel | www.pineletpinel.com

The compact leather-covered trunk is a stylish way to transport the foldable Brompton M6R bicycle and comes in 51 different color options.

Cette malle compacte revêtue de cuir est une façon élégante de transporter le vélo pliable Brompton M6R. Elle existe en 51 couleurs différentes.

Deze compacte koffer met lederen bekleding is een stijlvolle manier om de opvouwbare Brompton M6R fiets te transporteren en is verkrijgbaar in 51 verschillende kleuren.

Malle Terminal 5

Goyard | www.goyard.fr

Any trunk can be created to meet any of customers demands by the famous craftsman Goyard, including this insanely lavish picnic trunk complete with motorcycle. Price on request.

Toutes les malles possibles et imaginables peuvent être créées par le célèbre artisan Goyard pour répondre aux demandes des clients ; y compris cette malle à pique-nique irrationnellement opulente, avec mobylette incluse. Prix sur demande.

De vermaarde vakman Goyard kan eender welke koffer maken volgens de wensen van de klant, waaronder deze waanzinnig overvloedige picknickkoffer, compleet met motorfiets. Prijs op aanvraag.

engines
and mobility

In the world of luxury, high-powered engines with a sexy sleek design are everything. Recently, the mechanics of luxury machines have gone well beyond world-class engineering and sporty exteriors, offering notable refinements in quality such as sound reduction, and significant improvements to horsepower and torque with premium technologies. The following pages showcase the world's most desired dream machines that belong to an elite class of super exotics with power and high style.

Dans le monde du luxe, moteur puissant, élégance et sensualité sont tout. Depuis peu, la mécanique des engins de luxe va bien au-delà de la meilleure ingénierie et des extérieurs étincelants, offrant des progrès significatifs en termes de qualité, comme la réduction du niveau sonore, et des améliorations notables au niveau de la puissance et du couple réel grâce à des technologies de pointe. Dans les pages suivantes, vous allez découvrir les machines de rêve les plus convoitées au monde qui font partie d'une élite de véhicules excentriques, puissants et racés.

In de wereld van de luxe betekenen krachtige motoren met een sexy en mooi gestroomlijnd design alles. Recentelijk zijn de mechanismen van luxemachines ver boven de techniek van wereldklasse en sportieve looks uitgestegen. Ze bieden nu opvallende kwaliteitsverbeteringen, zoals geluidsreductie, en aanmerkelijke verbeteringen van de paardenkracht en koppel dankzij toptechnologieën. Op de volgende pagina's vindt u 's werelds meest begeerde droommachines die toebehoren aan een elite van superexotische personen met macht en een chique stijl.

engines and mobility

Ford GTX1

Ford Motor Company | www.ford.com

Genaddi Design Group, Inc. | www.vgdauto.com

The coachbuilder Genaddi converts the Ford GT into this roadster. The essence of this race car is in its 5.4-liter supercharged V-8 engine, all-aluminum powerplant and fed by an Eaton screw-type supercharger featuring four-valve cylinder heads and forged components. The resulting power output is 500 horsepower and 500 foot-pounds of torque.

Le carrossier Genaddi transforme la Ford GT en roadster. L'essence de cette voiture de course réside dans son moteur V-8 de 5,4 litres surcomprimé, tout en aluminium, et alimenté par un compresseur volumétrique Eaton à vis doté de culasses à quatre soupapes et de composants forgés. La puissance obtenue est de 500 chevaux pour un couple de 500 lb-pi.

Carrosseriebouwer Gennadi tovert de Ford GT om tot deze sportwagen. De essentie van deze raceauto zit in zijn 5.4-liter geladen V-8 motor, een volledig aluminium krachtbron gevoed door een Eaton compressor van het schroeftype met vier-kleps-cilinderkoppen en gesmede onderdelen. Het resulterende geleverd vermogen bedraagt 500 pk en 678 joule koppel.

Photos: Spyker Cars

Spyker C8 Spyder, Casino Monte Carlo

Spyker Cars

Spyker Cars | www.spykercars.com

The racing and aviation heritage of the early cars
has been carried over to the contemporary Spycars.
Their design is heavily influenced by airplanes and
aerodynamics with an uncompromising engineering
developed for racing.

L'héritage de la course automobile et de l'aviation
des premières voitures a été transposé aux Spykers
d'aujourd'hui, leur design étant fortement influencé
par les avions et l'aérodynamique avec une ingénierie pure et dure développée pour la course.

De erfenis van de eerste wagens voor de racesport
en luchtvaart is overgedragen op de moderne
Spykers, waarbij hun design sterk is beïnvloed door
vliegtuigen en aërodynamica met een ongeëvenaarde techniek die is ontwikkeld voor het racen.

Spyker C8 Spy...

1907, Spyker 14/18 HP on its way from Peking to Paris

Spyker C8 Laviolette

Bugatti Veyron
Bugatti Automobiles SAS
www.bugatti-cars.com

The most powerful car in the world with a quad-tur-bocharged and intercooled DOHC 64-valve W-16 engine that can produce 1,001 horsepower, making it the fastest street legal production car as well as the most expensive with a base price of €1,100,000.

La voiture la plus puissante du monde est dotée d'un moteur W-16 quadruple turbo à 64 soupapes et doubles arbres à cames en tête, avec échangeur d'air, qui développe 1.001 chevaux et en fait la voiture de série autorisée à circuler sur la voie publique la plus rapide et la plus chère, avec un prix de référence s'élevant à € 1.100.000.

De krachtigste wagen ter wereld met een DOHC 64-kleppen W-16 motor met vierdubbele turbo-aandrijving en tussenkoeler die 1.001 pk kan produceren, waardoor het de snelste wagen is die voor de weg geschikt is, en ook de duurste met een basisprijs van € 1.100.000.

Porsche Carrera GT

Porsche | www.porsche.de

With its 612 horsepower, V10 engine, as well as an array of cutting edge technologies, including a ceramic composite clutch and brakes beneath its carbon-reinforced body, the Porsche Carrera GT uses the undiluted qualities of a genuine racecar to provide an unprecedented driving experience on the road.

Avec ses 612 chevaux, son moteur V10 et moult éléments hautement technologiques, y compris un embrayage et des freins en céramique sous une coque renforcée par du carbone, la Porsche Carrera GT exploite les qualités pures d'une authentique voiture de course pour offrir une expérience de conduite sur route sans précédent.

Met zijn 612 pk, V10 motor evenals een arsenaal aan geavanceerde technologieën, waaronder een koppelingspedaal en remmen van keramisch composiet onder de met carbon versterkte carrosserie, maakt de Porsche Carrera GT gebruik van de onverdunde kwaliteiten van een racewagen om een ongeëvenaarde rijervaring op de weg te bieden.

engines and mobility

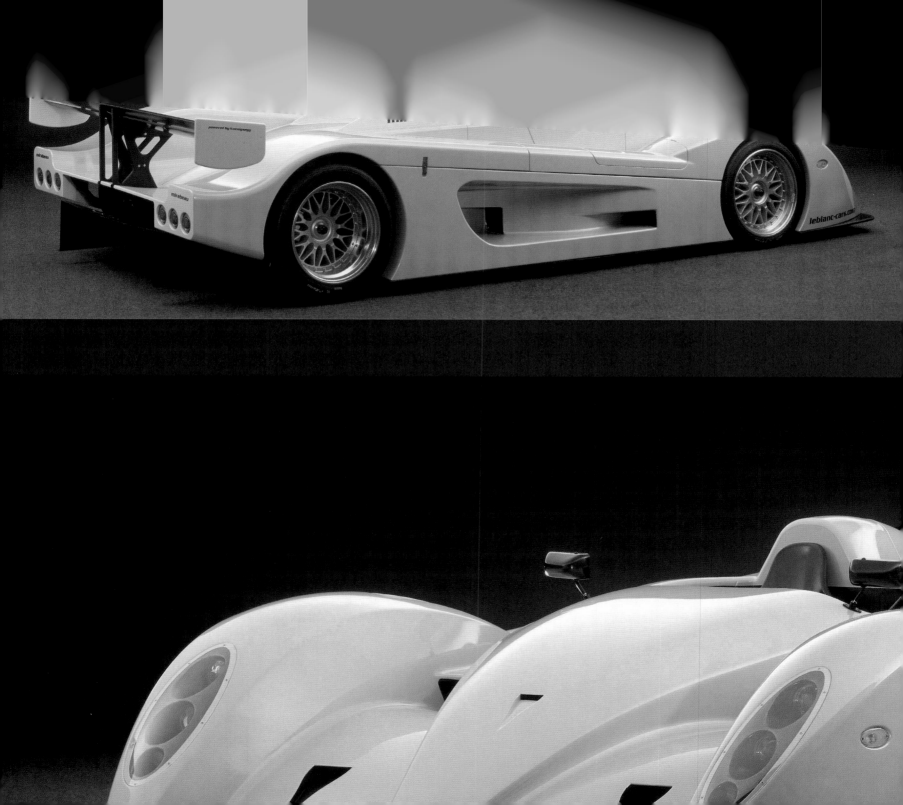

Photos: Michel Zumbrunn

Mirabeau Le Blanc

Le Blanc | www.leblanc-cars.com

With its supercharged, 4.7-liter V-8 engine with over 700 horsepower and a price of €543,000, it is one of the world's fastest and most expensive legal street racers in the world, and the reputably lightest, with its carbon-fiber body and a chassis that employs titanium and magnesium.

Avec son moteur V-8 de 4,7 litres surcomprimé qui développe plus de 700 chevaux et un prix de € 543.000, il s'agit là de l'une des voitures homologuées pour la route les plus rapides et les plus chères du monde. Elle est également réputée pour être la plus légère grâce à sa carrosserie en fibre de carbone et à son châssis en titane et magnésium.

Met zijn 4.7 liter V-8 motor met oplading, meer dan 700 pk en een prijskaartje van € 543.000 is dit een van 's werelds snelste en duurste legale straatracewagens, en naar verluidt ook de lichtste, met zijn carrosserie van carbonvezel en een chassis waarin titanium en magnesium gebruikt zijn.

Xtreme Vette

Corvette | www.customshop.org

Mid America Motorworks | www.mamotorworks.com

This true American original was specially designed for the Corvette aficionado with Mid America Motorworks custom features such as a checkered-flag leather interior, a specially designed Sony Audio system with a 6,000 watt stereo, and a Vortech supercharger system that powers the engine up to 600 horsepower.

Cette véritable Américaine, spécialement conçue pour l'aficionado des Corvette, possède des caractéristiques propres au fournisseur Mid America Motorworks : intérieur cuir avec drapeau en damier, système audio de 6.000 watts créé spécialement par Sony et compresseur volumétrique Vortech qui propulse le moteur à 600 chevaux.

Deze echte Amerikaanse original werd speciaal ontworpen voor de Corvette-liefhebber, met op maat gemaakte functies van Mid America Motorworks zoals een lederen interieur in geruite vlag, een speciaal ontworpen geluidssysteem van Sony met een 6.000 watt stereo, en een Vortech compressorsysteem dat de motor opvoert tot 600 pk.

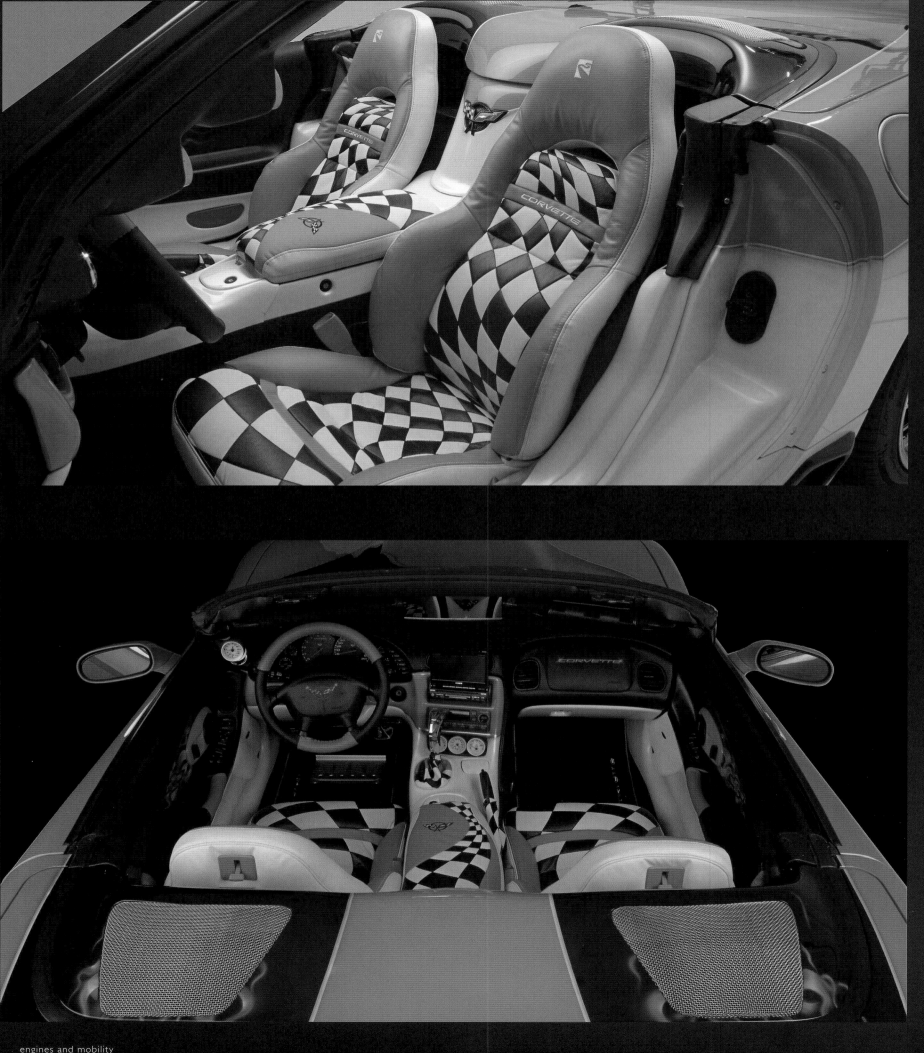

1971 Modern Muscle
Hemi Cuda

Race Ready Technologies | www.racetec.net

Starting at roughly €180,000, any vintage "muscle car" can be hand built by Race Ready Technologies to customer specifications, with 660 horsepower and using the very latest race proven components and luxury systems providing the ride and handling of a modern race car.

Commençant à environ € 180.000, n'importe quelle « muscle car » d'époque peut être construite par Race Ready Technologies selon les spécifications du client, avec 660 chevaux, les composants les plus récents testés en course et des systèmes de luxe qui lui confèrent la conduite et la maniabilité d'une voiture de course moderne.

Vanaf ruwweg € 180.000 kan Race Ready Technologies eender welke oude "krachtige wagen" met de hand bouwen volgens de specificaties van de klant, met 660 pk en met behulp van de allernieuwste onderdelen uit de racesport en luxesystemen die het rijgedrag en de hantering van een moderne racewagen bieden.

Murciélago Roadster

Lamborghini | www.lamborghini.com

The exterior and interior of this structural work of art is characterized by true muscularity: aggressive and extreme. The 12-cylinder engine of this exclusive roadster produces 580 horsepower featuring the Lamborghini L.I.E. electronic engine management system. It sells for €280,000.

L'extérieur et l'intérieur de cette œuvre d'art structurelle se caractérise par une apparence très musclée : agressive et extrême. Le moteur 12 cylindres de cette décapotable d'une valeur de € 280.000 développe 580 chevaux et est doté du système de gestion électronique intégrale Lamborghini L.I.E.

Het exterieur en interieur van dit bouwkundige kunstwerk wordt gekenmerkt door pure spierkracht: agressief en extreem. De 12-cilinder motor van deze exclusieve sportwagen produceert 580 pk en is uitgerust met het Lamborghini L.I.E. elektronisch motormanagementsysteem. Hij wordt verkocht voor € 280.000.

Vector Avtech WX-3

Vector

Vector Motors Corporation
www.vectorsupercars.com

Created to be a "fighter aircraft for the street" the Vector Supercars were America's first attempt to seriously compete with European exotic car manufacturers. Renowned industrial designer Gerald Wiegert developed the high-tech aerospace engineered Vectors to be the fastest, most powerful Super cars in the world with up to 1,200+ horsepower, with jet fighter flat panel displays and controls, and custom built American twin turbo charged engines.

Créées pour être des « chasseurs des routes », les Vector Supercars ont été la première tentative américaine pour concurrencer sérieusement les constructeurs européens de voitures exotiques. Gerald Wiegert, designer industriel de renom, a mis au point les voitures Vector pour qu'elles soient les supercars les plus rapides et les plus puissantes du monde avec 1.200 chevaux maximum, un tableau de bord plat de chasseur à réaction et des bimoteurs à turbocompresseur à l'américaine.

De Vector Supercars, onworpen als "gevechts-vliegtuigen voor de weg", waren Amerika's eerste poging om serieus te concurreren met Europese fabrikanten van exotische wagens. De vermaarde industriële ontwerper Gerald Wiegert ontwikkelde de hoogtechnologische Vectors met behulp van ruimtevaarttechnieken om de snelste, krachtigste superwagens ter wereld te zijn met meer dan 1.200+ pk, met platte dashboarddisplays en bedieningen uit gevechtsvliegtuigen, en op maat gebouwe

Vector W8 Twinturbo

Pagani Zonda Roadster F

Pagani | www.paganiautomobili.it

Only 25 of these cars are made, primarily out of carbon fiber with aluminum alloys, titanium, and avional, chrome-molybdenum alloy. Costing well over €500,000, this sports car has an AMG 12-cylinder lightweight engine with over 600 horsepower and 576 lb-ft of torque.

Ce modèle n'a été produit qu'à 25 exemplaires. Principalement constituée de fibre de carbone et d'alliages d'aluminium, de titane, et d'alliage au chrome molybdène, cette voiture de sport coûte plus de € 500.000 et possède un moteur léger 12 cylindres AMG qui développe plus de 600 chevaux pour un couple de 576 lb-pi.

Van deze wagen zijn slechts 25 exemplaren gemaakt, voornamelijk van carbonvezel met aluminiumlegeringen, titanium en een legering van chroommolybdeen uit de luchtvaart. Met zijn prijskaartje van meer dan € 500.000 beschikt deze sportwagen over een AMG 12-cilinder lichte motor met meer dan 600 pk en 781 joule koppel.

Jaguar XKR

Jaguar | www.jaguar.com

This new supercharged sports car has an industry-leading aluminum monocoque body structure, an uprated 420 horsepower, supercharged V8 engine, and class-leading calibration of its state-of-the-art, six-speed automatic transmission, making it the most potent Jaguar to date.

Cette nouvelle voiture de sport à moteur sur-alimenté est dotée d'une structure de carrosserie monocoque en aluminium à la pointe du secteur. Son moteur V8 surcomprimé, dont la puissance a été augmentée à 420 chevaux, et le remarquable étalonnage de sa transmission automatique à six rapports ultramoderne en font la Jaguar la plus puissante du moment.

Deze nieuwe sportwagen met turbocompressor heeft een toonaangevende monocoque carrosserie-structuur van aluminium, een opgewaardeerde 420 pk, V8 motor met turbocompressor, en een in zijn klasse toonaangevende kalibrering van zijn hypermoderne automatische versnellingsbak met zes versnellingen, wat dit de krachtigste Jaguar tot op vandaag maakt.

Mercedes Benz SLR 722 Edition

Mercedes SLR McLaren

Mercedes McLaren | www.mclarencars.com

This supercar automobile combines AMG performance by Daimler Chrysler and the Formula One technology of McLaren Cars for €360,000. This sophisticated sports car has a lightweight carbon body construction, trademark gullwing doors and a modern day Silver Arrow race car design, that houses a supercharged and fully optimized 5.5-liter AMG SL-55 engine.

Ce bolide conjugue les performances d'AMG, filiale de Daimler Chrysler, et la technologie de Formule 1 des McLaren pour la somme de € 360.000. La carrosserie de cette voiture de sport sophistiquée dotée des fameuses portes « papillon » est en carbone léger. Le nouveau design de la « Flèche d'argent » abrite un moteur SL-55 AMG de 5,5 litres suralimenté et parfaitement optimisé.

Deze superauto combineert de prestaties van Daimler Chryslers AMG en de Formule 1-technologie van de McLaren Cars voor € 360.000. Deze gesofistikeerde sportwagen heeft een lichte carrosserieconstructie van carbon, gepatenteerde vlinderdeuren en een hedendaags Silver Arrow racewagenontwerp, met daarin een volledig geoptimaliseerde 5.5-liter AMG SL-55 motor met turbocompressor.

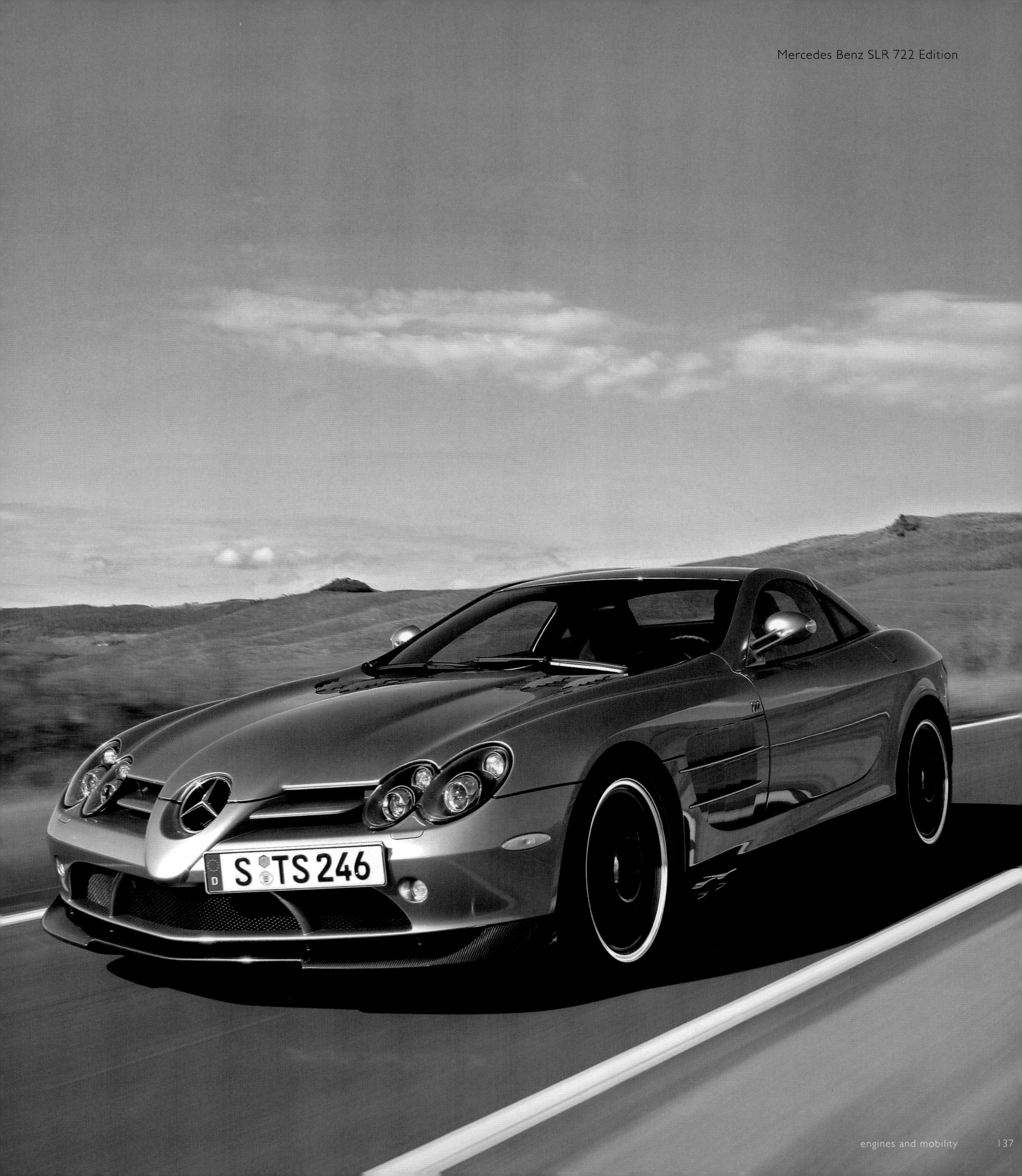

Mercedes Benz SLR 722 Edition

Mercedes-Benz SLR McLaren

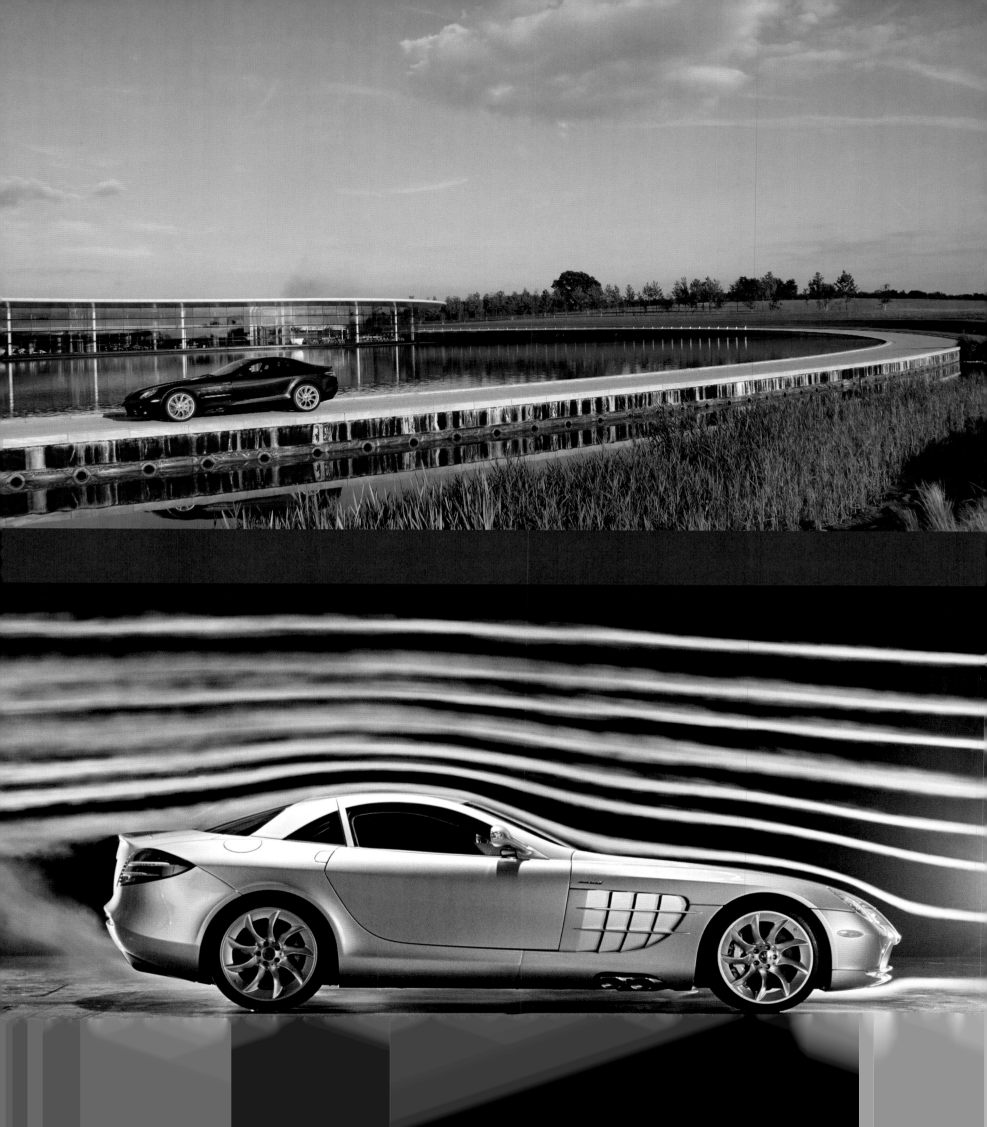

Mercedes Benz
300SL Gullwing

Mercedes Benz | www.mercedesbenz.com

Conceived initially as a purpose-built racing sports car, the stunning 300SL with Gullwing doors is one of the most refined and inspirational sports cars of the last century. Only 1,400 units of this car were ever made, and it continues to be one of the world's most sought-after and highly rated cars that has still attained a legendary status since the last car was built 50 years ago.

Conçue initialement comme une voiture de course spécialisée, la sensationnelle 300SL avec ses portes papillons est l'une des voitures de sport les plus raffinées et excitantes du siècle passé. Elle n'a été fabriquée qu'à 1.400 exemplaires et reste la voiture la plus convoitée et la plus cotée du monde qui a désormais atteint son statut de légende, le dernier modèle ayant été construit il y a 50 ans.

De verbluffende 300SL met vlinderdeuren, oorspronkelijk opgevat als racewagen, is een van de meest verfijnde en inspirerende sportwagens van de voorbije eeuw. Hoewel er van deze wagen slechts 1.400 stuks gemaakt zijn en het laatste exemplaar niet minder dan 50 jaar geleden van de band rolde, blijft hij zijn legendarische status behouden als één van de hoogst gewaardeerde en meest gezochte auto's ter wereld.

EFIJY Hotrod

Holden | www.holden.com.au

The Australian 1953 FJ Holden has been reprised by the car manufacturer in a wild 21st Century hot rod concept with a supercharged six-liter V8 engine, a Chevrolet Corvette underbody and state-of-the-art automotive technology throughout.

L'Australienne 1953 FJ Holden a été reprise par le constructeur automobile selon le concept « hot rod » du XXIe siècle. Moteur V8 suralimenté de 6 litres, soubassement Chevrolet Corvette et haute technologie à tous les niveaux.

De Australische 1953 FJ Holden is opnieuw in productie genomen door de autofabrikant in een wild 21ste-eeuws hotrod-concept met een zes liter V8 motor met turbocompressor, een Chevrolet Corvette onderkant en geavanceerde autotechnologie tot in de kleinste details.

Maybach 57 S

Maybach Manufaktur
www.maybach-manufaktur.com

Maybach offers a high-end luxury sedan whose
performance and dynamic handling need fear no
comparison from a sports car with its Mercedes-
AMG 6.0-litre V12 bi-turbo engine. Its carefully
coordinated applications of exquisite piano lacquer,
leather upholstery, and sporty carbon create an
atmosphere of dynamic elegance.

Avec son nouveau modèle 57 S, Maybach propose
une berline haut de gamme de luxe dont les performances et le comportement dynamique n'ont
rien à envier aux voitures de sport. En effet, son
moteur V12 bi-turbo Mercedes-AMG de 6 litres
et son habitacle laqué noir soigneusement assorti
à la sellerie cuir rehaussée d'un carbone éclatant,
créent une atmosphère synonyme d'élégance
et de dynamisme.

Met het nieuwe model 57 S biedt Maybach een hoogwaardige luxesedan die op het vlak van prestaties
en dynamische hantering moeiteloos alle vergelij-
kingen met een sportwagen doorstaat, dankzij zijn
Mercedes-AMG 6,0-liter V12 bi-turbomotor, die
samen met zijn zorgvuldig en gericht aangebrachte
pianolak van uitgelezen kwaliteit, lederen bekleding
en sportief carbon een atmosfeer van dynamische
elegantie creëert.

Maybach 62

Maybach Manufaktur
www.maybach-manufaktur.com

Even though its Mercedes-sourced 5.5-liter twin turbo V12 engine generates about 550 horsepower of pure driving pleasure, this specially designed longer Maybach 62 was conceived with a chauffeur in mind.

Même si son moteur Mercedes V12 bi-turbo de 5,5 litres développe près de 550 chevaux de pur plaisir de conduite, la Maybach 62, plus longue, a été conçue pour être conduite par un chauffeur.

Hoewel zijn Mercedes-aangedreven 5,5 liter dubbele turbo V12 motor ongeveer 550 pk puur rij-plezier genereert, is deze speciaal langer gemaakte Maybach 62 ontworpen met een chauffeur in het achterhoofd.

Phantom

Rolls-Royce Motor Cars
www.rolls-roycemotorcars.com

The aluminum space frame of this ultra-luxury sedan
is the largest of its kind ever built for automotive
use, combining low weight with extreme strength.
With its 6.75-litre V12 engine, parts assembled and
lavish interiors detailed by hand, it has a base price
of €379,000.

Le cadre en treillis d'aluminium de cette berline
de grand luxe est le plus grand de ce type jamais
construit pour une automobile. Son moteur V12 de
6,75 litres associe légèreté et robustesse extrême.
Quant à l'assemblage des pièces et à la confection
de l'habitacle cossu, ils ont été réalisés à la main. Le
prix de base est de € 379.000.

Het aluminium buizenchassis van deze ultraluxu-
euze sedan is het grootste in zijn soort dat ooit
werd gebouwd voor gebruik in een wagen en
combineert een laag gewicht met extreme stevig-
heid. Met zijn 6,75l V12 motor en een assemblage
van de onderdelen en detaillering van het rijkelijke
interieur met de hand, heeft hij een basisprijs van
€ 379.000.

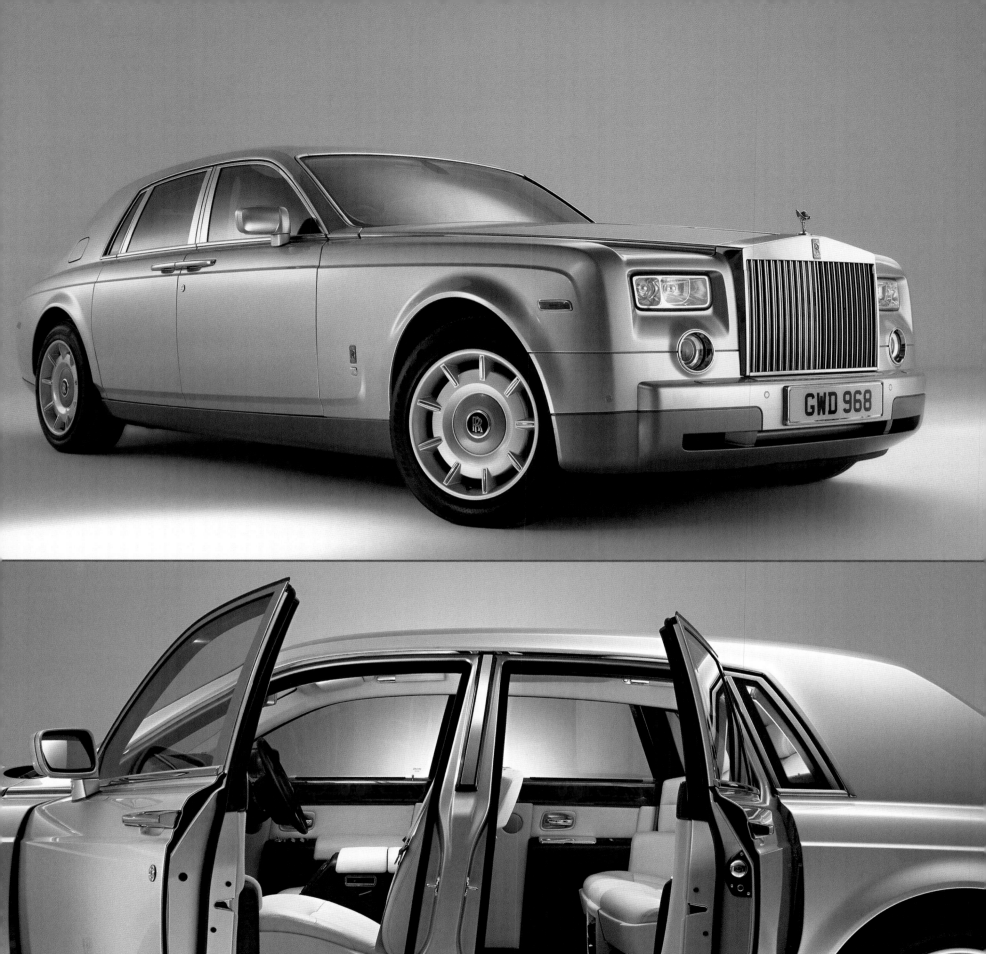

101EX

Rolls-Royce Motor Cars
www.rolls-roycemotorcars.com

The styling and high-tech architecture of this innovative design is more driver-focused than that of the Phantom, and is the latest experimental model to come from Rolls-Royce. Hand-built as a modern, sleek coupé, this advanced, direct-injection, 6.75-litre V12 engine delivers effortless performance.

Le style de ce design innovant et de cette architecture high-tech est davantage tourné vers le conducteur que celui de la Phantom, plus longue. Il s'agit du dernier modèle expérimental en date de Rolls-Royce. Coupé moderne et élégant entièrement construit à la main, doté d'un moteur V12 sophistiqué à injection directe de 6,75 litres, il offre une performance sans effort.

De vormgeving en hightech architectuur van dit innovatieve ontwerp – het recentste experimentele model van Rolls-Royce – is meer op de chauffeur gericht dan bij de langere Phantom. Deze geavanceerde 6,75-liter V12 motor met directe injectie, met de hand gebouwd als moderne, mooi gestroomlijnde tweedeurswagen, levert moeiteloos prestaties.

BMW 7 Series Yachtline

BMW | www.bmw.com

Made for those with a passion for yachting. This true masterpiece in automotive construction features luxurious maritime interior details such as high grade mahogany, maple strips, anthracite floor carpet and the roof lining in Alcantara anthracite, including special details such as a cooling box, an integrated compass, and a concealed humidor.

Destinée aux passionnés de la navigation de plaisance, cette véritable œuvre d'art automobile possède un intérieur de luxe d'inspiration marine composé d'acajou de première qualité, de bandes en érable, tapissé d'une moquette anthracite au sol et d'un revêtement de toit en Alcantara anthracite. Sans oublier certains détails intéressants comme une boîte réfrigérée, une boussole intégrée et une cave à cigares invisible.

Gemaakt voor wie gepassioneerd is door zeilen. Dit ware meesterstuk van automobielconstructie beschikt over luxueuze maritieme details in het interieur zoals hoogwaardig mahonie, stroken esdoorn, antraciet vloertapijt en een plafondvoering in Alcantara antraciet. Bovendien zijn er speciale voorzieringen zoals een koelbox, een ingebouwd kompas en een verborgen humidor.

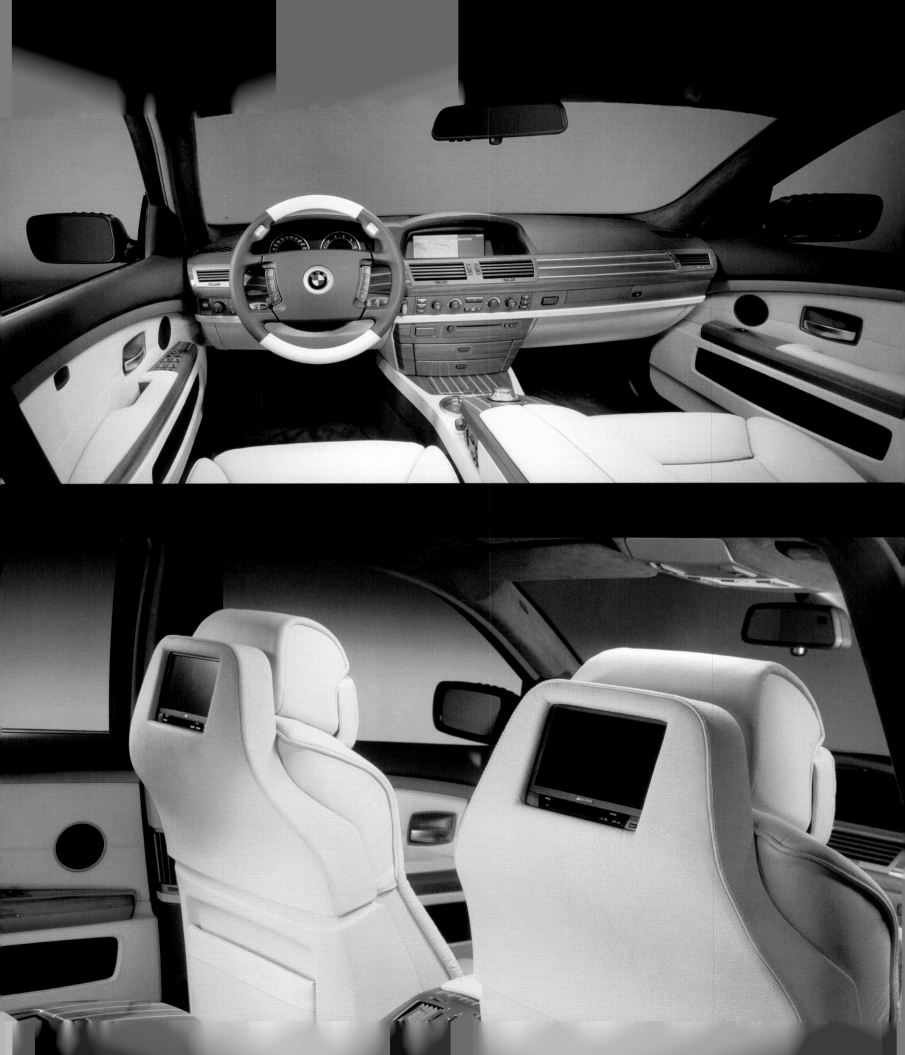

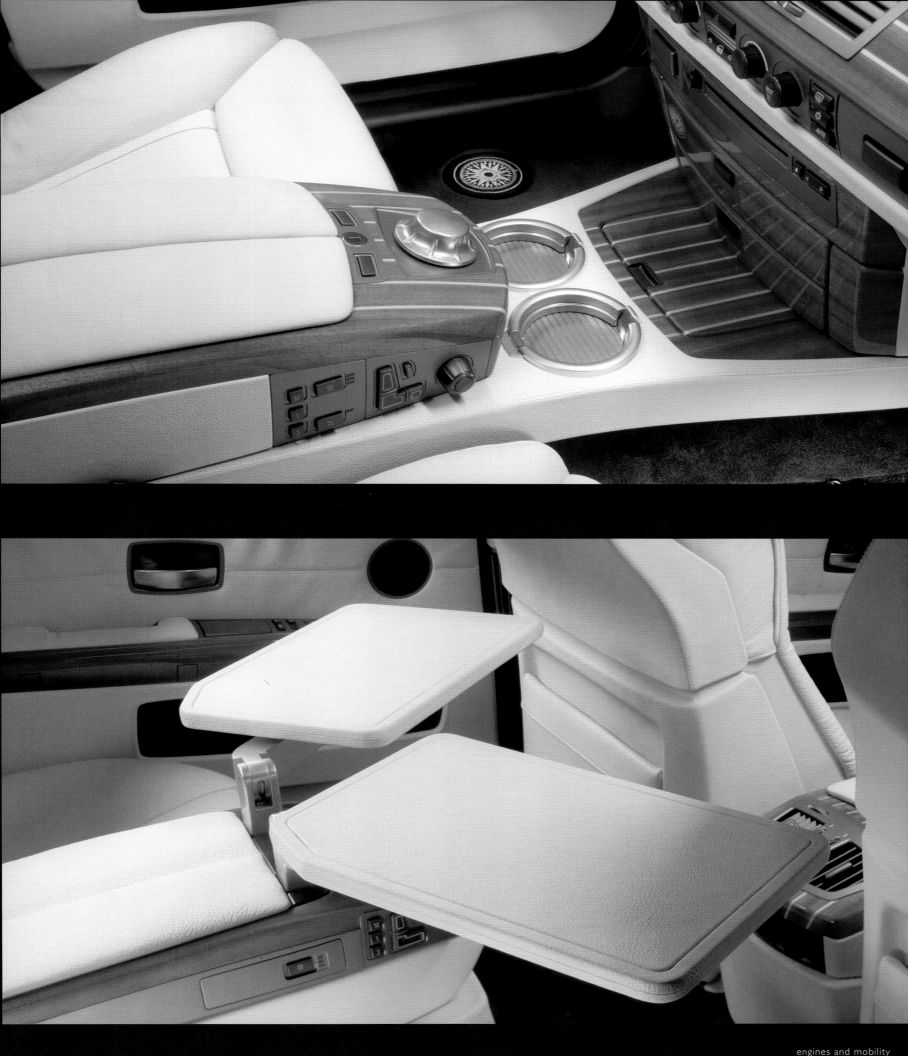

BMW 650i (6 Series)

BMW | www.bmw.com

Mechanically and structurally, the 6 series is a powerful coupe with its 4.8 liter V8 engine housed in a new sleek design, with stylish interiors that include a range of high tech equipment going well beyond what is expected of a high performance sedan. With its iDrive system, the driver not only can tell the car what to do, like escape from lost or traffic congested routes, but also to complete simple tasks, such as reading ones emails.

D'un point de vue mécanique et structurel, la série 6 est un coupé puissant avec son moteur V8 de 4,8l abrité sous un nouveau design soigné, des intérieurs élégants comprenant une gamme d'équipement high tech allant bien au-delà de ce que l'on attend d'une berline très performante. Avec son système iDrive, le conducteur peut non seulement dire à la voiture ce qu'elle a à faire, par exemple retrouver son chemin ou quitter les routes encombrées, mais aussi lui demander d'accomplir de simples tâches, comme la lecture de mails.

Mechanisch en structureel gezien is de 6 series een krachtige tweedeursauto met zijn 4,8 liter motor in een nieuw, slank design, inclusief stijlvol interieur en een reeks hightech snufjes die veel verder gaat dan wat van een hoogwaardige sedan wordt verwacht. Met het iDrive-systeem kan de bestuurder de wagen niet alleen zeggen wat te doen, zoals ontsnappen uit verloren of verkeersdrukke wegen, maar ook simpele taken uitvoeren, zoals uw e-mails lezen bijvoorbeeld.

carry four people, making it viable as an everyday car. For €147.600 (before taxes), the Continental GT offers true supercar performance combined with comfortable interior space, versatility and ease of ownership.

Doté d'un moteur bi-turbo W12 cylindres de 6 litres, ce coupé sport est capable de rouler à 318 km/h et peut accueillir 4 personnes, il peut donc être utilisé tous les jours. Pour € 147.600 (hors taxes), la Continental GT, plurielle et facile à entretenir, offre de réelles performances de bolide dans un habitacle confortable.

Deze sportcoupé haalt 318 km/u met zijn 6-liter, W12-cilinder motor met dubbele turbolading, biedt plaats voor vier personen, waardoor hij geschikt is voor dagelijks gebruik. Voor € 147.600 (vóór belastingen) biedt de Continental GT pure topprestaties in combinatie met een comfortabele interieurruimte, wendbaarheid en gebruiksvriendelijkheid.

Photos: AJ Atwood

Customized Party Bus

L.A. Custom Coach | www.lacustomcoachinc.com

Custom made buses are made to any customer's demands for that unique mobile entertainment and party hosting experience, including an LED dance pole, granite flooring, mirrored steel walls, illuminated multi-colored wet bars, and the most advanced audio video systems, including a HD big screen TV.

Des bus personnalisés peuvent être adaptés à toutes les demandes du client. Cette expérience unique de divertissement mobile destinée à accueillir vos soirées inclut un podium éclairé doté d'une barre centrale, un sol en granit, des cloisons en acier recouvertes de miroirs, des minibars illuminés aux mille couleurs ainsi que les systèmes audio les plus sophistiqués du marché et un écran géant haute définition.

Op maat gemaakte bussen worden ingericht volgens de specificaties van de klant voor een unieke ervaring van mobiel entertainment en feestelijk onthaal. Zo kan je opteren voor een LED-danspaal, granieten vloerbedekking, gespiegelde stalen wanden, verlichte en veelkleurige barkasten en de meest geavanceerde audio/videosystemen, waaronder een HDTV met groot scherm.

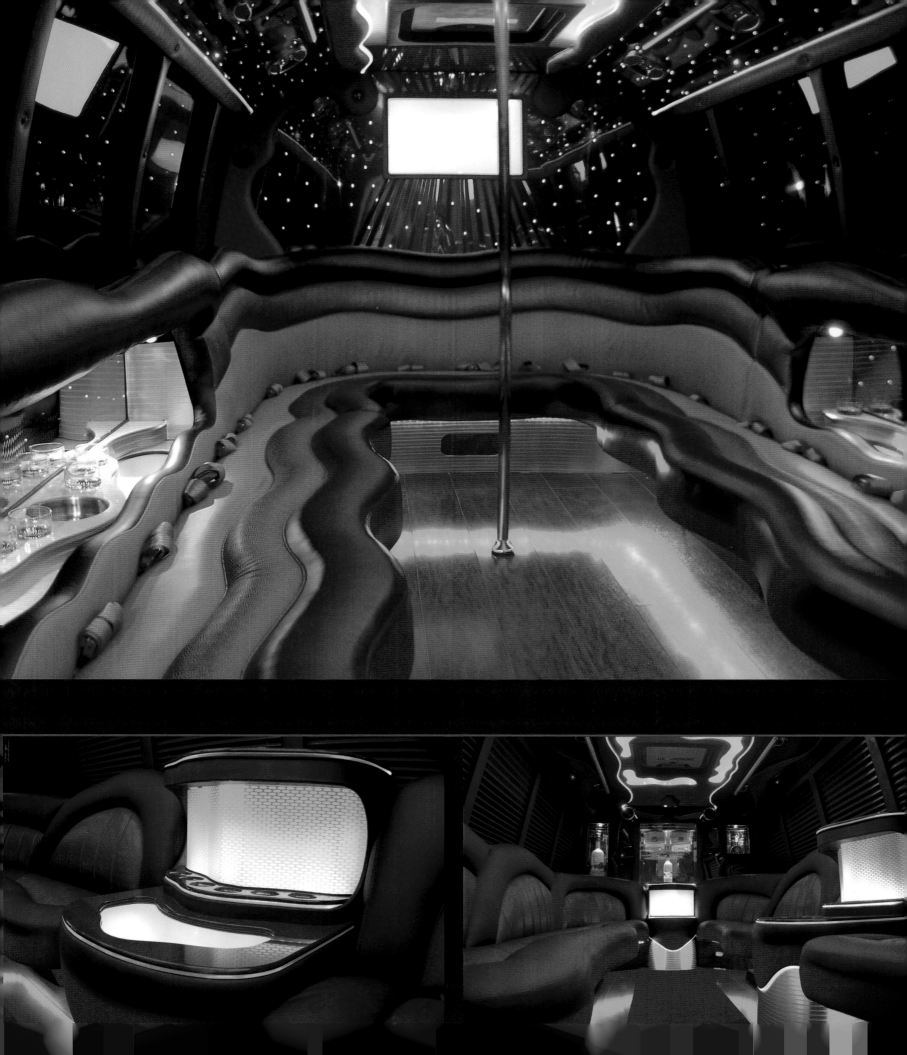

Customized Limousine

L.A. Custom Coach | www.lacustomcoachinc.com

Custom made SUV limousines that also serve as mobile offices are a must for any high-profile executive. Most of these luxurious chauffeured specially designed cars include ultra suede headliners, rear moon roofs, captain chairs with heat and massage, custom LED lighting, onboard computers with fax and internet service, high performance audio systems and satellite HDTV, with ice bins and wet bars.

Les limousines personnalisées, qui peuvent également faire office de bureaux mobiles, sont le must des cadres haut placés. La plupart de ces véhicules de prestige exclusifs avec chauffeur comprennent des garnitures de toit en suédine, des toits ouvrants à l'arrière, des sièges VIP avec chauffage et massage, un éclairage à DEL individuel, des ordinateurs de bord avec fax et Internet, des systèmes audio à hautes performances, la télévision par satellite haute définition, des distributeurs de glaçons et des minibars.

Op maat gemaakte SUV-limousines die ook als mobiele kantoren dienen, zijn een must voor elk hoog kaderlid. De meeste van deze luxueuze, speciaal ontworpen wagens hebben ultra suède dakhemels, maandaken achteraan, VIP-stoelen met verwarming en massage, LED-verlichting op maat, boordcomputers met fax en internetservice, hoogwaardige geluidssystemen en satelliet-HDTV, ijsreservoirs en barkasten.

engines and mobility

Tramontana

a.d.TRAMONTANA | www.adtramontana.com

A unique luxury sports car with a central V12 engine with more than 700 horsepower housed in a carbon fiber chassis and components with eight impact-absorption areas. Only 12 are handcrafted per year. One costs €600,000.

Voiture de sport de luxe exclusive équipée d'un moteur V12 central de plus de 500 chevaux, logé dans une carcasse en fibre de carbone et de pièces dotées de huit zones d'absorption des chocs. Seuls douze exemplaires sont construits artisanalement chaque année et leur prix s'élève à € 600.000.

Een unieke, luxueuze sportwagen met een centrale V12-motor met meer dan 700 pk in een carros-serie van carbonvezel en componenten met acht impactabsorberende zones. Er worden jaarlijks slechts 12 stuks met de hand gemaakt en ze kosten meer dan € 600.000.

Boss Hoss

Boss Hoss | www.bosshoss.com

The Boss Hoss motorcycle has more motor than most cars with its 5,700-cubic-inch, 355-horsepower General Motors Corvette V8 engine and a four-barrel Holly carburetor, starting at €30,000 for the base model.

La moto Boss Hoss a un plus gros moteur que la plupart des voitures avec son moteur V8 Corvette de General Motors de plus de 5.700cc qui développe 355 chevaux et son carburateur quadruple corps Holly. Le premier prix s'élève à € 30.000.

De Boss Hoss motorfiets heeft meer motor dan de meeste auto's met zijn General Motors Corvette V8 motor van 355 pk en 5.700cc en een viervoudige Holly-carburateur. Het basismodel is verkrijgbaar vanaf € 30.000.

Fagus

Photos: Peter Hillert

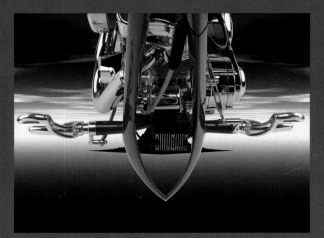

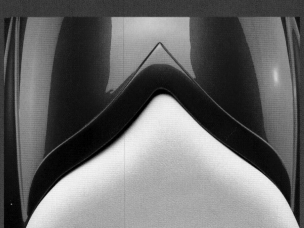

Hollister's MotorCycles

Hollister's MotorCycles | www.hollisters.de

The intricately sculpted wheels of this motorcycle are machined from solid aluminum billets, and every tiny component down to the switchgear is designed and hand built with extraordinary attention to detail, taking about seven months to build this astonishing piece of craftsmanship.

Les roues savamment sculptées de cette moto sont façonnées à partir de billettes d'aluminium et le moindre composant, y compris l'appareillage de commutation, est conçu puis assemblé à la main avec un souci du détail incomparable. Il faut environ sept mois pour construire cette incroyable œuvre artisanale.

De fijn uitgesneden wielen van deze motorfiets zijn vervaardigd van massieve aluminiumstaven, en elk minuscuul onderdeel, tot de schakelinrichting, is ontworpen en met de hand vervaardigd met een buitengewoon oog voor detail, waardoor het ongeveer zeven maanden duurt om dit verbluffende staaltje van vakmanschap te bouwen.

Excite

Indigo

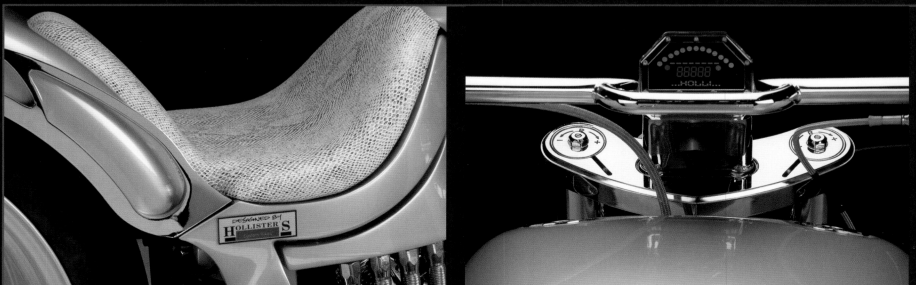

Rocket III

Triumph Motorcycles
www.triumphmotorcycles.com

These specially designed cruisers may be the largest capacity production motorcycle in the world, but they are designed to be ridden with ultimate comfort. Its three fuel-injected cylinders displace a monstrous 2,294cc and pump out 147 lb-ft of torque providing a whirling, mechanised cyclone of power.

Ces cruisers originaux sont sans doute les motos de série les plus largement produites dans le monde, mais ils sont conçus pour offrir un confort absolu. Leur monstrueux moteur trois cylindres à injection de 2.294cc fournit un couple supérieur à 147 lb-pi, tel un cyclone de puissance mécanique impétueux.

Deze speciaal ontworpen cruiser is dan misschien de productiemotorfiets met de grootste capaciteit ter wereld, maar hij is ontworpen om er in optimaal comfort mee te rijden. Zijn drie cilinders met brandstofinjectie vervangen een gigantische 2.294cc en leveren zo'n 147 joule koppelkracht, wat resulteert in een wervelende, gemechaniseerde cycloon van kracht.

Shine

Kodlin Motorcycles | www.kodlin.com

Designer Fred Kodlin's reputation for originality and engineering innovation is evident in his newest custom bike creation. He literally re-invents the wheel by leaving out the hubs and adding incredible new construction features such as gold-leaf inlays.

La toute dernière création du designer Fred Kodlin, connu pour son originalité et ses innovations techniques, est à la hauteur de sa réputation : une moto Custom où la roue a été entièrement réinventée ; les moyeux ont été supprimés et de nouvelles caractéristiques incroyables ont été ajoutées, comme par exemple des incrustations de feuilles d'or.

Ontwerper Fred Kodlins reputatie voor originaliteit en technische vernieuwing is duidelijk zichtbaar in zijn nieuwste motorfietscreatie op maat. Hij vindt het wiel letterlijk opnieuw uit door de naven weg te laten en ongelooflijke, nieuwe constructiekenmerken toe te voegen, zoals het gebruik van inlegwerk met gouden bladen.

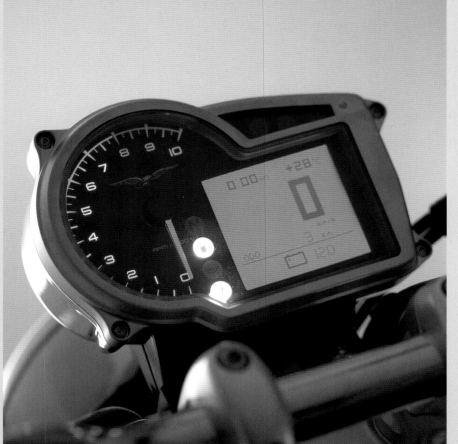

Griso 1100

Moto Guzzi | www.motoguzzi-us.com

This bike is steeped in Italian heritage with 85 years of history, and represents a dramatic promising comeback into the 21st century with its 1,064cc air-cooled 90-degree V-twin engine and six-speed gearbox. The exterior is equally dramatic with sexy dual curved pipes that sweep beneath the engine and mould into one gigantic cone-shaped exhaust.

Du haut de ses 85 ans d'histoire, cette moto fait partie intégrante de l'héritage italien et représente la renaissance spectaculaire et prometteuse de la marque au XXIe siècle avec son moteur en V à 90 degrés refroidi par air de 1.064cc et sa boîte de vitesses à six rapports. L'extérieur est tout aussi fascinant avec ses doubles tubes courbés très sexy qui s'engouffrent sous le moteur pour se fondre en un pot conique gigantesque.

Deze motorfiets is doordrongen van Italiaans nalaten-schap met 85 jaar geschiedenis, en vertegenwoordigt een veelbelovende comeback in de 21ste eeuw met zijn 1.064cc luchtgekoelde 90° V-twin motor en versnellingsbak met 6 versnellingen. De buitenkant is even indrukwekkend als sexy met dubbel gewelfde leidingen die onder de motor door lopen en uitmon-den in een gigantische kegelvormige uitlaatpijp.

F4 Senna

MV Agusta | www.mvagusta.com

This sexy Italian made sportbike has numerous innovations that make it a benchmark in contemporary motorcycling, high technology, and ultra sleek racing design. Both technical and styling reference points lift the F4 beyond mere fashion, and every detail is conceived to exude the sense of technical expertise and quality of the manufacture.

Cette Italienne sportive et sexy comporte d'innombrables innovations qui font d'elle une référence dans l'univers actuel de la moto en matière de haute technologie et de style, grâce à son design de compétition débordant d'élégance. La richesse technique et esthétique de la F4 va bien au-delà de la mode et le moindre détail est travaillé afin de souligner l'ingéniosité et la qualité de la fabrication.

Deze sexy Italiaanse sportmotorfiets telt talloze innovaties die hem verheffen tot een maatstaf in de hedendaagse wereld van de motorfiets, hoogwaardige technologie en uiterst mooi gestroomlijnd racedesign. Zowel technische als stilistische referentiepunten tillen de F4 boven de normale elitestatus, en elk detail is zo geconcipieerd dat het een gevoel van technische deskundigheid en productiekwaliteit zou uitademen.

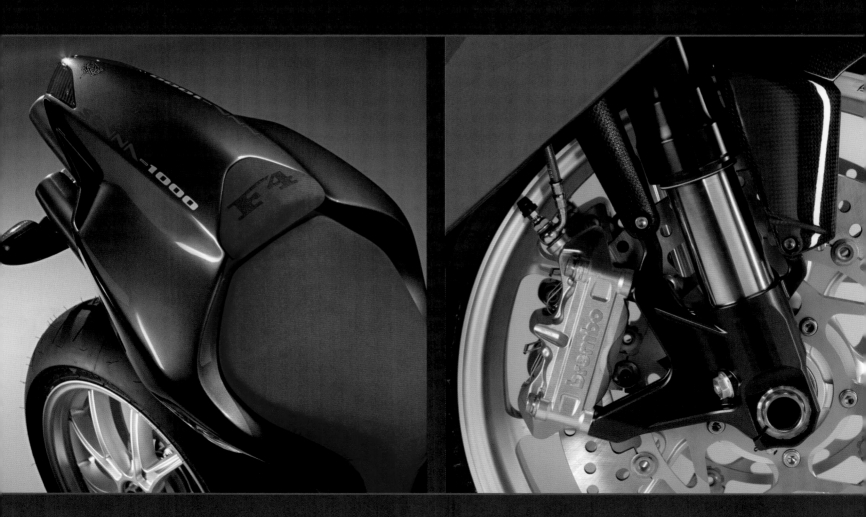

Monster S4R

Ducati | www.ducati.com

The original "naked" motorcycle, it marked the movement that is characterized by a fully exposed engine and frame. The Monster is best-known for their Desmoquattro engines and tubular steel trellis chassis that is derived directly from their world champion superbike design.

La moto « dépouillée » par excellence qui a marqué la tendance des moteurs et des châssis entièrement visibles. La Monster est connue pour son moteur Desmoquattro et son châssis en treillis de tubes d'acier directement dérivé du design de la Superbike Ducati championne du monde.

De originele "naakte" motorfiets, die symbool staat voor de beweging die wordt gekenmerkt door een volledig blootgestelde motor en carrosserie. Het Monster is het meest gekend om zijn Desmoquattro-motoren en buisvormige stalen traliechassis, dat rechtstreeks afkomstig is van het ontwerp van hun wereldkampioenen-motorfiets.

Ducati Helmet

Ducati | www.ducati.com

This Ducati Performance helmet features all new design and construction technology with a fiberglass shell and air intake system that was created exclusively for Ducati, designed with a racing theme of classic Italian tricolor graphics.

Ce casque Ducati Performance, avec sa coque en fibre de verre et son système d'entrée d'air, est doté du design et de la technologie de pointe. Mis au point en exclusivité pour Ducati, il s'inspire du thème de la course et arbore des graphismes tricolores typiquement italiens.

Deze Ducati Performance helm bevat alle nieuwe design- en constructietechnologie met een omhulsel van vezelglas en een luchtinlaatsysteem dat exclusief voor Ducati is ontworpen. Hij is verkrijgbaar in de klassieke Italiaanse driekleur met tekeningen geïnspireerd op het racethema.

BMW HP2 Enduro

BMW Motorrad | www.bmw-motorrad.com

The perfect ergonomics of this €15,000 off-road bike guarantees supreme agility and easy control even on the toughest terrain. Combined with the low centre of gravity of the Boxer engine, it provides unparalleled smoothness and powerful acceleration at any engine speed.

L'ergonomie parfaite de cette moto tout-terrain d'une valeur de € 15.000 garantit une maniabilité et une aisance parfaites même sur les terrains les plus difficiles. En outre, le centre de gravité abaissé du moteur Boxer permet de conjuguer une douceur sans précédent et une accélération puissante, quelle que soit la vitesse.

De perfecte ergonomie van deze Enduro van € 15.000 garandeert een superieure wendbaarheid en vlotte controle, zelfs op het zwaarste terrein. In combinatie met het lage zwaartepunt van de Boxer motor biedt hij een ongeëvenaarde soepelheid en krachtige acceleratie bij elke motortoerental.

KTM 660 LC4 Rally
Factory Replica

KTM | www.ktm.com

With its liquid cooled engine architecture, this competition-ready Rally bike has a newly developed 1-cylinder, four-stroke engine with a capacity of 654cc and an output of 65 hp, geared for high rpm peak power of 7,500 rpm as required for rally racing and super-street applications.

Avec son moteur à refroidissement par eau, cette Rally de compétition est également disponible pour le grand public. Son nouveau moteur mono-cylindre à quatre temps possède une capacité de 654cc, développe 65 chevaux et est équipé d'une puissance maximale de 7.500 r/min selon les exigences de la compétition rally et les applications de superstreet.

Met zijn vloeistofgekoelde motorarchitectuur is deze competitieklare Rally-motorfiets ook verkrijgbaar voor het publiek. Zijn nieuw ontwikkelde 1-cilinder viertaktmotor heeft een capaciteit van 654cc en een vermogen van 65 pk, voorzien voor een hoog piekvermogen met een toerental van 7.500 tpm dat vereist is voor rally races en super-street-toepassingen.

Photos: J. van der Pal

Carver One

Carver | www.carver-europe.com

Steer it like a car, but when cornering, it banks like a motorcycle that flies like a jetfighter on the street. The thrill of its tilting capability combined with the handling of a sports car makes for an exhilarating driving experience unlike any other. The Carver One is available from €30,000.

Conduisez cet engin comme une voiture et dans les virages il s'inclinera comme une moto, tel un avion à réaction des rues. Sa capacité de basculement électrisante associée à la maniabilité d'une voiture de sport offrent une expérience enivrante unique. Le Carver One est disponible à partir de € 30.000.

Hij stuurt als een wagen, maar in de bochten helt hij over zoals een motorfiets die als een straaljager over de weg vliegt. De sensatie van zijn kantelmogelijkheden in combinatie met de rij-eigenschappen van een sportwagen resulteert in een stimulerende rij-ervaring als geen ander. De Carver One is verkrijgbaar vanaf € 30.000.

Vespa GTS

Vespa | www.vespausa.com

The fastest, most powerful, and most high-tech Vespa in history with its ultra-modern 250cc four-stroke, liquid-cooled, electronic injection engine. Exterior changes include large 12" wheels with a superb double-disc braking system with ABS, and a wide, racy saddle and a vintage-Vespa-style rear rack.

La Vespa la plus rapide, la plus puissante et la plus sophistiquée de toutes, avec son moteur ultramoderne de 250cc, à quatre temps, à refroidissement liquide, équipé de l'injection électronique. Les modifications apportées à l'extérieur incluent des grandes roues 12", un superbe système de freinage à double disque ABS, ainsi qu'une selle plus large et stylée ainsi qu'un porte-bagages dans le plus pur style Vespa.

De snelste, krachtigste en technisch vernuftigste Vespa ooit met zijn ultramoderne 250cc vier-taktmotor met vloeistofkoeling en elektronische injectie. Veranderingen aan de buitenkanten omvatten grote 12" wielen met een buitengewoon remsysteem met dubbele schijven en ABS, en een breed, karakteristiek zadel en een bagagerek in oude Vespa-stijl.

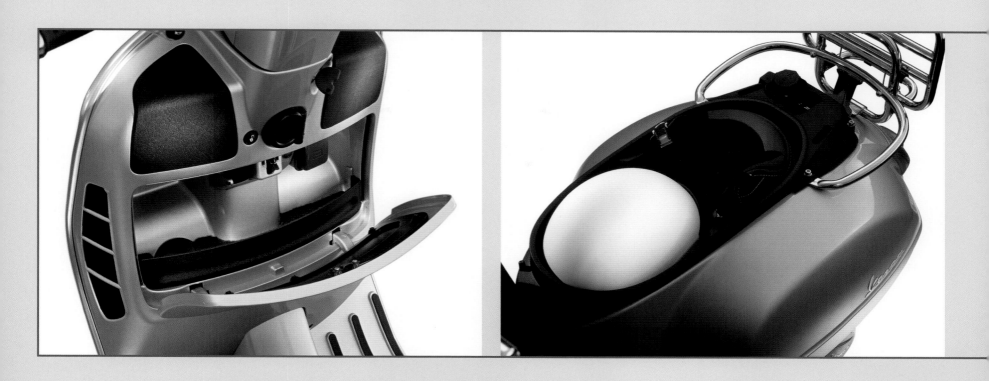

Segway Human Transporter

Segway | www.segway.com

The Segway® Human Transporter is the first of its kind as a self-balancing personal transportation device designed to go anywhere you go, running on electrical power that is easily rechargeable from any wall outlet. It's compact, yet powerful enough to even carry a golf bag around the course. The Concept Centaur will challenge the way you think about four-wheeled transportation, offering the newest possibility for the future of personal transportation.

Conçu pour aller n'importe où, le Segway® Human Transporter est le premier moyen de transport individuel auto-équilibré en son genre. Fonctionnant à l'électricité, il est facilement rechargeable à partir de toutes les prises de courant. Compact mais puissant, vous pouvez même l'utiliser pour transporter votre sac de golf sur le parcours. Le Concept Centaur, quant à lui, changera votre vision du transport à quatre roues et ouvre tout un monde de possibilités pour le futur du transport individuel.

De Segway® Human Transporter is het eerste zelfbalancerende persoonlijke transportmiddel in zijn soort dat is ontworpen om te gaan en staan waar u wilt, aangedreven door elektrische stroom die u gemakkelijk kunt opladen aan eender welk stopcontact. Hij is compact, maar krachtig genoeg om zelfs een golftas mee te dragen op de baan. De Concept Centaur zal uw manier van denken over transport op vier wielen op de proef stellen, en openen nieuwe mogelijkheden voor de toekomst van het persoonlijk vervoer.

C52 designed
by Christian Grande

Sessa Marine | www.sessamarine.com

In the last thirteen years, Christian Grande and Partners has created a multitude of boats with a unique passion for the most innovative productive technologies in nautical design. Each custom-made yacht is engineered to combine safety, ease of handling, and high performance with ultra-luxurious interiors.

En treize ans, Christian Grande and Partners ont créé un nombre incalculable de bateaux, guidés par leur passion unique pour les technologies de production les plus innovantes en matière de design nautique. Chaque yacht fait sur mesure est conçu pour allier sécurité, maniabilité, hautes performances et intérieurs ultra-luxueux.

Christian Grande & Partners creëert al dertien jaar lang boten met een unieke passie voor de meest innovatieve producttechnologieën op het vlak van nautisch design. Elk op maat gemaakt jacht is gebouwd met het oog op veiligheid, bedieningsgemak en topprestaties met uiterst luxueuze interieurs.

Pedrazzini Vivale

Pedrazzini | www.pedrazziniboat.com

By far, the most elegant way for mahogany to caress water. These cleverly constructed boats use the finest woods and the most exquisite materials combined with the very highest level of craftsmanship down to the smallest detail. Crafted with great skill and extreme patience, this is a true vessel of timelessness and perfection.

De loin la façon la plus élégante pour l'acajou de caresser les flots. Ces bateaux savamment construits utilisent le meilleur bois et les matériaux les plus exclusifs associés à l'excellence de l'artisanat et au souci du moindre détail. Fabriqué grâce à un savoir-faire et une patience extrême, voici le véritable vaisseau intemporel et idéal.

Veruit de meest elegante manier waarop mahonie water kan strelen. In deze vernuftig geconstrueerde boten worden de allerbeste houtsoorten en meest verfijnde materialen gebruikt in combinatie met het allerhoogste vakmanschap dat tot in de kleinste details wordt toegepast. Dit vaartuig is een puur staaltje van tijdloosheid en perfectie, vervaardigd met uitmuntend vakmanschap en engelengeduld.

118 WallyPower

Wallypower | www.wally.com

This boat is a high performance super yacht integrating technology with design, resulting with unique and marked characteristics like the vertical bow, the air inlets, and the ultra hip design of the deck superstructure.

Ce bateau est un Superyacht à hautes performances qui allie technologie et esthétique. Il est doté de caractéristiques exclusives et sensationnelles comme sa proue verticale, les entrées d'air et le design ultra-branché de la superstructure du pont.

Deze boot is een krachtig superjacht dat technologie en design integreert, wat resulteert in unieke en opvallende eigenschappen, zoals de verticale boog, de luchtinlaatopeningen en het ultrahippe design van de bovenbouw van het dek.

Photo: Gilles Martin-Raget

Off-shore Motoryacht „Kineo"

Porsche Design Studio | www.porsche-design.com

Only three of these powerboats exist worldwide. This exclusive dolphin-shaped racing boat was designed in 1987 by the Porsche Design Studio. Innovative details include an integrated strip of soft polyurethane foam encircling the cockpit, a hatch combined with a folding ladder leading below deck similar to combined stairways used on light aircraft and a retractable swimming platform.

Seulement trois de ces bateaux puissants existent dans le monde entier. Ce bateau de course exclusif à la forme d'un dauphin a été conçu en 1987 par le Porsche Design Studio. Il comporte des détails innovants comme la bande intégrée de mousse polyuréthane encerclant le cockpit, une écoutille combinée à une échelle repliable conduisant à l'entrepont comme les escaliers utilisés sur les avions légers et une plateforme flottante rétractable.

Van deze speedboten bestaan er slechts drie in heel de wereld. Deze exclusieve, dolfijnvormige raceboot werd in 1987 ontworpen door de Porsche Design Studio. Innovatieve details omvatten een ingebouwde strook zacht polyurethaanschuim rond de cockpit, een luik met een vouwladder die naar het onder gelegen dek leidt, vergelijgbaar met de gecombineerde trappen die worden gebruikt voor lichte vliegtuigen, en een verschuifbaar zwemplatform.

Ferretti 881

Ferretti Yachts | www.ferretti-yachts.com

The new flagship of the Ferretti fleet presents new design solutions made to optimize the open spaces and brightness of the different cabins; the master cabin has two large open-view windows on both sides to enjoy the sea views, and the very large flying bridge has a Jacuzzi and plushy sofas.

Le nouveau navire major de la flotte Ferretti présente des solutions innovantes en matière de design visant à donner la priorité aux espaces ouverts et à mettre l'accent sur la luminosité des cabines. La cabine principale possède deux grandes baies vitrées de chaque côté qui offrent des vues panoramiques sur la mer et un flybridge très spacieux avec jacuzzi et sofas douillets.

Het nieuwe vlaggenschip van de Ferretti-vloot introduceert nieuwe ontwerpmethodes om de open ruimtes en helderheid van de verschillende cabines te optimaliseren. De hoofdcabine heeft langs beide zijden twee grote vensters om te genieten van het zicht op zee, en de zeer grote flying bridge beschikt over een jacuzzi en stijlvolle sofa's.

Luerssen Oasis Yacht

Luerssen | www.luerssen.de

The luxury features aboard this 195-foot yacht are exceptional, with five enclosed decks. They include a gym and a large whirlpool spa with deck-to-overhead glass windows, as well as a bar-equipped lounge. There are a number of opulent staterooms, and a main deck that carries a formal dining room and a huge saloon.

Le luxe qui règne sur ce yacht de 59 m est exceptionnel. Il possède cinq ponts, dont un équipé d'une salle de gym et d'un grand jacuzzi, avec des baies vitrées du pont au plafond, ainsi que d'un salon avec bar. Les salles de réception somptueuses sont nombreuses et le pont principal abrite une salle à manger protocolaire et un immense salon.

De luxe aan boord van dit 59 m lange jacht is uitzonderlijk. Het heeft vijf ingesloten dekken, waaronder een dek met een fitnessruimte en een groot bubbelbad met ramen die reiken van dek tot plafond, evenals een lounge met een bar. Er zijn enkele weelderige passagiershutten, een hoofddek met een formele eetzaal en een ruim salon.

Sunseeker 105

Sunseeker | www.sunseeker.com

For a base price of 5 million euros, this power-yacht is not only stylish, but is universally fast. It is beautifully proportioned to carry the perfect performance at top speeds, with all the amenities a mega yacht has to offer, such as Jacuzzi, a formal dining area, and incredibly lavish staterooms.

Pour un prix de base de 5 millions d'euros, ce Poweryacht n'est pas seulement chic, il est aussi incroyablement rapide. Il est en outre magnifiquement proportionné pour que ses performances soient idéales à des vitesses élevées et possède tout le confort d'un Méga-yacht : jacuzzi, salle à manger protocolaire et salles d'apparat fabuleusement luxueuses.

Voor een basisprijs van 5 miljoen euro is dit krachtige jacht niet alleen stijlvol, maar ook universeel snel. Het is prachtig geproportioneerd voor perfecte prestaties tegen topsnelheden, met alle voordelen die een megajacht te bieden heeft, zoals een jacuzzi, een formele eetruimte en passagiershutten die in een ongelooflijke weelde baden.

42' and 47' Lightning

Fountain Powerboats

www.fountainpowerboats.com

Fountain Powerboats dominates the world of offshore boating with the Lightning series. The 42' Lightning has won more offshore races than any other V-bottom in history. Both the 42' and 47' Lightning have raised the bar by reaching speeds in excess of 125 mph. The outstanding performance is combined with the comfort and luxury of a cruiser complete with a galley, V-berth, U-shaped seating and full head.

Fountain Powerboats domine le monde des bateaux offshore avec la série Lightning. Le 42' Lightning a gagné jusqu'ici plus de courses offshore que n'importe quel autre bateau avec une coque à fond en V. Les 42' et 47' Lightning ont relevé la barre en atteignant des vitesses supérieures à 200 km/h. Ces performances extraordinaires sont combinées au confort et au luxe d'un bateau de croisière avec cuisine, couchette V, salon en U et salle d'eau complète.

Fountain Powerboats domineert de wereld van het offshore racen met de Lightning series. De 42' Lightning heeft meer offshore races gewonnen dan eender welke andere V-kiel in de geschiedenis. Zowel de 42' als de 47' Lightning hebben de lat hoger gelegd door snelheden van meer dan 200 km/u te halen. De uitstekende prestaties worden gecombineerd met het comfort en de luxe van een motorjacht compleet met een kombuis, V-kooi, U-vormig salon en badkamer.

Magnum 80

Magnum Powerboat

Magnum Marine | www.magnummarine.com

The ultimate in luxury offshore powerboats that combines ultra-style, hip design, and top speed, some custom built engines are able to reach 80mph. These hand-laminated, high-performance crafts have all the luxuries of a fine home, some with enclosed upper salon, an open cockpit, up to five staterooms and a separate galley and crew accommodations.

Le nec plus ultra en matière de bateau à moteur offshore qui associe style, design branché et rapidité. Certains moteurs fabriqués sur mesure sont capables d'atteindre 128 km/h. Ces engins haute performance laminés à la main possèdent tout le luxe d'une belle maison ; certains sont dotés d'un salon entièrement fermé à l'étage, d'un cockpit ouvert, de cinq salles de réception et d'une cuisine et de chambres séparées pour l'équipage.

Het ultieme op het vlak van luxueuze offshore speedboten waarin verfijnde stijl, hip design en topsnelheden worden verenigd. Sommige op maat gemaakte motoren kunnen snelheden tot 128 km/u halen. Deze met de hand gelamineerde, krachtige vaartuigen beschikken over alle luxe van een prachtige woning, soms met ingebouwd salon op het dek, een open cockpit, tot vijf passagiershutten en een afzonderlijke kombuis en verblijfplaatsen voor de bemanning.

Magnum 60

Swan 112

Nautor's Swan | www.nautorgroup.com

The Swan 112 is a luxury performance cruiser, designed for serious pleasure with graceful lines and sleek elegance. German Frers, the world renowned yacht designer, has ensured the model has all the qualities associated with Nautor's Swan; with an unloaded displacement is 110 tons, but despite her size, the Swan 112 can easily be handled by a small crew. Constructed at the company's high tech boat building and technology centre in Finland, there is scope for customization, allowing the owner to put their own stamp of individuality upon their yacht.

Le Swan 112 est un bateau de croisière de luxe conçu pour un plaisir sérieux aux lignes gracieuses et à l'élégance soignée. German Frers, designer de yachts célèbre dans le monde entier, s'est assuré que le modèle possède toutes les qualités associées à Nautor's Swan ; il possède un déplacement sans charge de 110 tonnes mais, malgré sa taille, le Swan 112 peut être facilement manié par un petit équipage. Construit au centre de construction et de technologie navale high tech de la société en Finlande, il peut être personnalisé, permettant au propriétaire de poser sa propre empreinte sur son yacht.

De Swan 112 is een krachtig, luxueus motorjacht, ontworpen voor serieus plezier met gracieuze lijnen en mooi gestroomlijnde elegantie. German Frers, de wereldvermaarde jachtontwerper, staat ervoor in dat het model over alle kwaliteiten beschikt die van Nautor's Swan kunnen worden verwacht. Zonder lading veroorzaakt het een waterverplaatsing van 110 ton, maar ondanks zijn omvang kan de Swan 112 gemakkelijk worden bestuurd door een kleine crew. De jachten worden gebouwd in het hightech centrum voor bootbouw en -technologie van het bedrijf in Finland. Er is ruimte voor maatwerk, waardoor de eigenaar zijn eigen stempel van individualiteit op zijn jacht kan laten drukken.

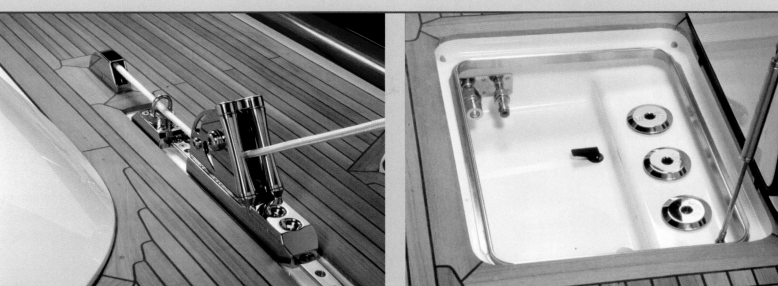

Proteus

Exomos | www.exomos.com

A fully submersible yacht that is capable of delivering the ultimate in underwater luxury. This submarine is configured to seat up to 16 divers on the deck, and can seat an additional 8 people inside the dry cabin for spectacular views of the underwater universe.

Yacht entièrement submersible ou nec plus ultra du luxe subaquatique. Le pont de ce sous-marin particulier peut accueillir jusqu'à 16 plongeurs et 8 autres personnes peuvent s'asseoir à l'intérieur de la cabine pour admirer les vues spectaculaires de l'univers sous-marin.

Een jacht dat volledig onder water kan duiken en daar de ultieme luxe kan bieden. Deze duikboot biedt plaats aan 16 duikers op het dek en heeft daarnaast extra plaats voor 8 personen in de droge cabine voor spectaculaire zichten op de onderwaterwereld.

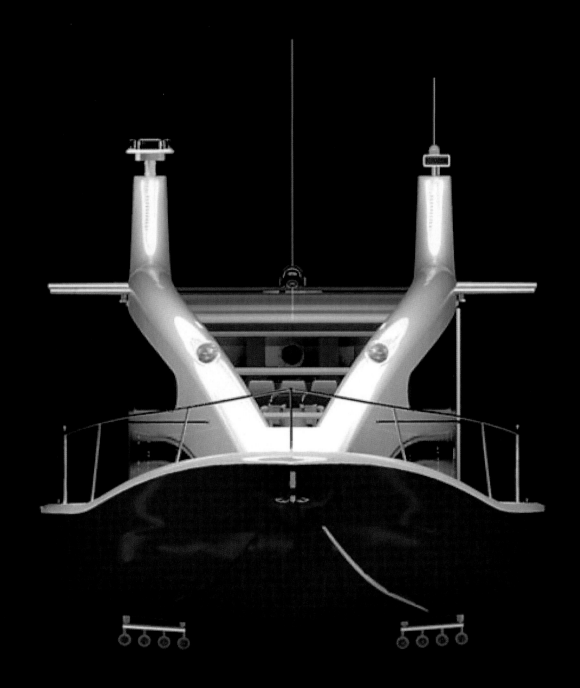

Stingray

Exomos | www.exomos.com

A personal submarine for under €32,000, this 'underwater jet-ski' can dive to a depth of 130 feet and has a top underwater speed of 3 mph, which makes it ideal for exploring artificial shallow water reefs.

Un sous-marin particulier pour moins de € 32.000. Ce « jet-ski sous-marin » peut plonger à une profondeur de 130 pieds et sa vitesse de pointe sous l'eau atteint près de 5 km/h, ce qui en fait le sous-marin idéal pour explorer les récifs artificiels des eaux peu profondes.

Een persoonlijke duikboot voor minder dan € 32.000. Deze 'onderwater jetski' kan duiken tot op een diepte van bijna 40m en heeft onder water een topsnelheid van 4,8 km/u, waardoor hij ideaal is om ondiepe kunstmatige riffen te verkennen.

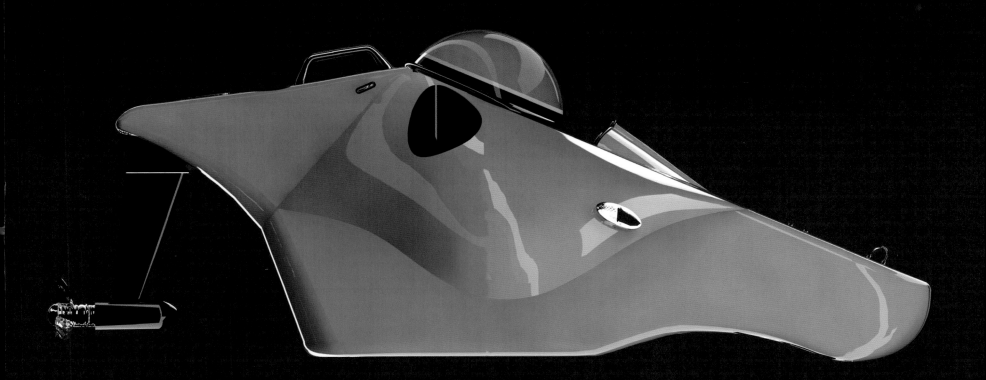

Hovpod

Hovpod | www.hovpod.com

This leisure hovercraft floats on a cushion of air, making it possible to hover across seas, lakes, rivers, grassland, marshes, sand, snow and ice. This unique mobile transporter costs about €22,000, carries up to three adults, and can cruise up to 2 hours on a full tank on practically any surface.

Cet aéroglisseur de loisir flotte sur un coussin d'air et permet donc de planer au-dessus de la mer, des lacs, des rivières, des prairies, des marécages, du sable, de la neige et de la glace. Cet engin unique coûte près de € 22.000 et peut transporter trois adultes. Avec un réservoir plein, il a une autonomie de deux heures sur quasiment tout type de surface.

Deze recreatieve hovercraft drijft op een luchtkussen, waardoor u boven zeeën, meren, rivieren, weiden, moerassen, zandstroken, sneeuw en ijs kunt zweven. Dit unieke mobiele transportmiddel kost ongeveer € 22.000, biedt plaats aan maximaal drie volwassenen en kan met een volle tank tot 2 uur cruisen op vrijwel elk oppervlak.

Aquada

Gibbs Technologies | www.gibbstech.com

This auto fused with a boat is a high speed amphibian that can offer the beleaguered driver the chance to trade traffic jam hell for the freedom of the open seas, or at least the rivers and bays surrounding most of the world's urban centers.

Cette fusion entre une voiture et un bateau est un amphibie à grande vitesse qui donne l'opportunité au conducteur pressé de troquer les embouteillages contre la liberté de la haute mer ou tout du moins des rivières et des baies qui entourent la plupart des grands centre-villes du monde.

Deze fusie van een auto en een boot is een uiterst snel amfibievoertuig dat de gestrande bestuurder de kans biedt om de hel van de file te ruilen voor de vrijheid van de open zeeën, of tenminste de rivieren en baaien rond de meeste stedelijke centra ter wereld.

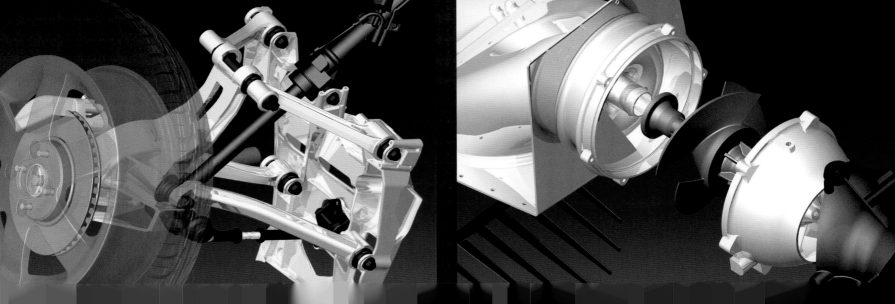

Cessna Citation Mustang

Cessna | www.cessna.com

This very light jet, priced at €2.08 million, is a four-passenger airplane that weighs around 8,000 pounds, cruises at 340 knots and has a ceiling of 41,000 feet. The cockpit features large electronic displays with a standard flight management system, which makes it a first rate jet for quality and safety.

Ce jet très léger, d'une valeur de € 2,08 million peut accueillir quatre passagers. Il pèse environ 3.600 kg, vole à 340 nœuds et a un plafond de 12.500 m. Le cockpit est doté de grands écrans électroniques et son système de gestion de vol standard en fait un produit de première classe en termes de qualité et de sécurité.

Deze vederlichte jet, met een prijskaartje van € 2,08 miljoen, is een straalvliegtuig voor vier passagiers. Hij weegt ongeveer 3.600 kg, vliegt tegen 340 knopen en heeft een hoogtegrens van 12.500 m. De cockpit is uitgerust met grote elektronische schermen met een standaard vluchtbeheersysteem, waardoor het een eersteklas straalvliegtuig is op het vlak van kwaliteit en veiligheid.

Cessna Citation X

Cessna | www.cessna.com

The Citation X is Cessna's largest, fastest and longest range aircraft yet. Because of its ability to cruise at high speed at high altitudes, it is according to latest measurements the fastest civil transport in service. Other design features give more efficient use of internal space that allows greater head and shoulder room.

Le Citation X est l'aéronef long courrier le plus gros et le plus rapide de Cessna. Capable de voler à grande vitesse et à haute altitude, il est, selon les derniers mesurages, le plus rapide des avions civils. Au niveau du design intérieur, l'espace est bien exploité et laisse plus de place pour la tête et les épaules.

De Citation X is Cessna's grootste en snelste vliegtuig met het grootste bereik tot nu toe. Omdat hij zulke hoge snelheden kan halen op hoge hoogtes, zou hij volgens de laatste metingen het snelste burgertransportmiddel in gebruik zijn. Andere ontwerpfuncties zorgen voor een doeltreffender gebruik van de ruimte binnenin, waardoor er meer plaats is voor hoofd en schouders.

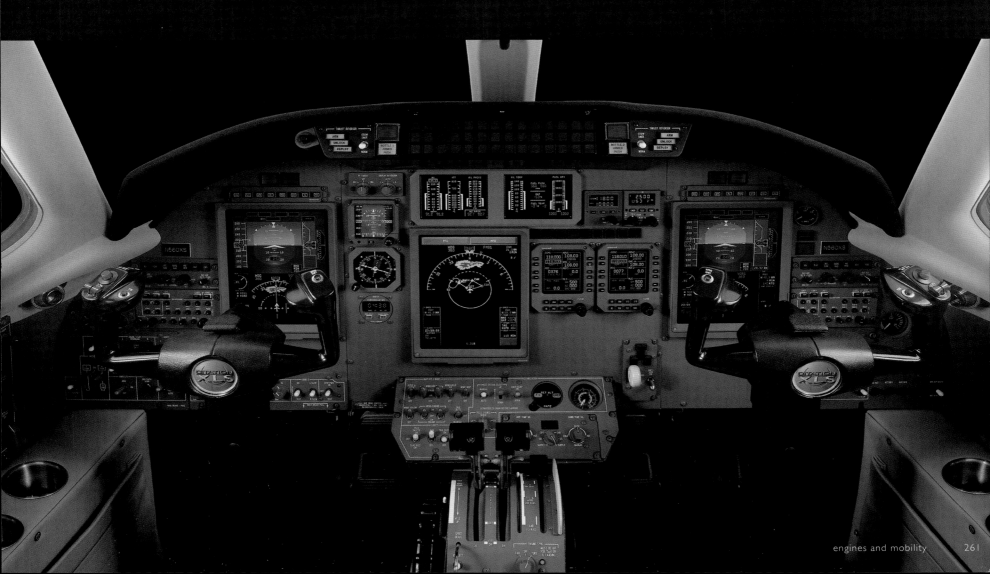

Edése Doret
Boeing BBJ & McDonnell Douglas MD87ER

Edése Doret Industrial Design, Inc.
www.edesedoret.com

Edése Doret specializes in the design, engineering and completion management of aircraft interiors for heads of state, governments, corporations, commercial airlines and the wealthy elite. Their most impressive task is converting larger Boeing and Airbus planes into luxurious private living quarters with opulent bedrooms and living areas.

Edése Doret est spécialisé dans la conception, l'ingénierie et l'achèvement d'intérieurs d'avions pour les chefs d'État, les gouvernements, les sociétés, les compagnies aériennes commerciales et l'élite la plus riche. La réalisation la plus impressionnante de la firme consiste à transformer de grands Boeing et de grands Airbus en lieux de vie privés luxueux, en y aménageant des chambres et des salons somptueux.

Edése Doret specialiseert zich in het ontwerp, de techniek en de afwerking van vliegtuiginterieurs voor staatshoofden, overheden, bedrijven, commerciële luchtvaartmaatschappijen en de rijke elite. Hun meest indrukwekkende prestatie was het omtoveren van grote Boeing- en Airbustoestellen in luxueuze privé-woonverblijven met weelderige slaapkamers en woonruimtes.

Gulfstream G550

Gulfstream | www.gulfstream.com

The G550 is the largest and latest development of the Gulfstream line of corporate business jets, designed to fly intercontinental distances with one stop anywhere around the world. Perhaps the most important changes are the advanced cockpit with its industry leading Enhanced Vision System, and the Broad Band Multi Link capability which permits wireless connectivity at 50,000 feet, so you can check your bank accounts and stock portfolios.

Le G550 est la toute dernière création de la gamme de jets professionnels Gulfstream, destinée à parcourir des distances intercontinentales avec une escale où que ce soit dans le monde. Les innovations les plus importantes concernent sans doute le cockpit avancé doté de l'EVS ou système de vision améliorée et la technologie multiliaison à large bande qui permet une connectivité sans fil à 15.000 m, afin que vous puissiez, par exemple, vérifier vos comptes bancaires et vos portefeuilles d'actions.

De G550 is de grootste en recentste ontwikkeling in het Gulfstream-assortiment van bedrijfsvliegtuigen, ontworpen om overal ter wereld intercontinentale afstanden te vliegen met één stop. De belangrijkste wijzigingen zijn misschien wel de geavanceerde cockpit met zijn toonaangevende Enhanced Vision System, en de Broad Band Multi Link mogelijkheid waarmee een draadloze verbinding op ruim 15.000 m kan worden gemaakt, zodat u uw bankrekeningen en aandelenportefeuilles kunt bekijken.

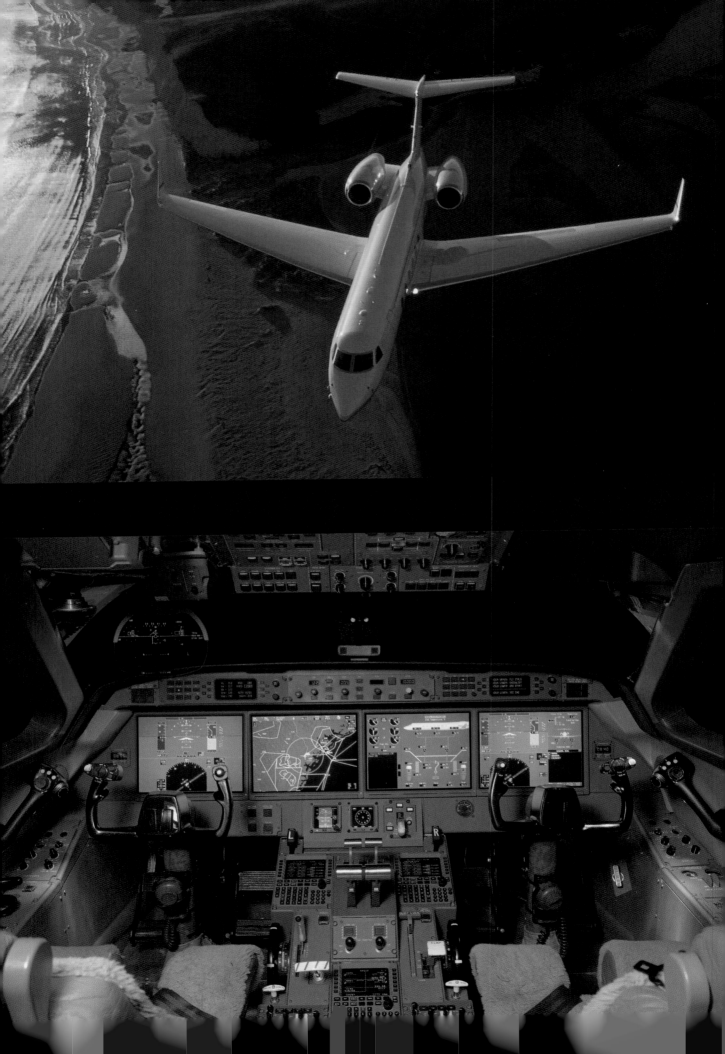

Falcon 2000DX

Dassault Falcon Jet Corp.
www.dassaultfalcon.com

Two Pratt & Whitney engines give the Falcon 2000DX the ability to sprint up to 3,250 nautical miles and fly shorter trips even faster. A roomy cabin can be customized to any preference and is capable of everything: from a multimedia presentation to hosting an intimate dinner from the full service galley.

Deux moteurs Pratt & Whitney confèrent au Falcon 2000DX la capacité de se propulser à 3.250 miles nautiques et de boucler les petits trajets encore plus rapidement. La cabine spacieuse peut être personnalisée au gré des envies et remplit toutes les fonctions imaginables : présentation multimédia, dîner intime grâce à l'office complet, etc.

Twee Pratt & Whitney motoren stellen de Falcon 2000DX in staat om op te trekken tot 3.250 zeemijl en korte reizen nog sneller af te leggen. De ruime cabine kan aan elke wens worden aangepast en is tot alles in staat: van een multimediapresentatie tot het organiseren van een intiem diner vanuit de kombuis, die alle mogelijke voorzieningen biedt.

Javelin

Aviation Technology Group
www.avtechgroup.com

The two-seat twinjet Javelin is a 2 million euros executive jet that has been dubbed as the 'sports car for the skies', reaching speeds of over 500 knots or 933 km/h. The concept is to provide military performance to the general aviation market, combining state-of-the-art glass instrumentation, safety features, and wide-fan sweep technology jet engines into a two-place executive jet.

Le biréacteur biplace Javelin est un avion pour des cadres de 2 millions d'euros capable d'atteindre plus de plus de 500 nœuds ou 993 km/h que l'on surnomme la « voiture de sport de l'air ». Le concept consiste à transposer les innovations militaires au marché de l'aviation générale en intégrant des instruments de bord électroniques de pointe, des dispositifs de sécurité et des turboréacteurs à flux large et balayage dans des jets privés biplace.

De Javelin, een tweemotorig straalvliegtuig met twee zitplaatsen, is een toestel van 2 miljoen euro dat de 'sportwagen van de lucht' wordt genoemd, aangezien hij snelheden haalt van meer dan 500 knopen of 933 km/u. Het concept bestaat erin om militaire prestaties aan te bieden aan de algemene luchtvaartmarkt, door het combineren van geavanceerde glazen instrumentatie, veiligheidsfuncties en straalmotoren met breed wiekende ventilatortechnologie in een bedrijfsvliegtuig voor twee personen.

Photos: Ray Cassel, Stephen Harris

Helicopter a109

Helicopter a109
Helicopter Grand

AgustaWestland | www.agustawestland.com

A private helicopter can help beat big-city conges-
tion or whisk off to remote wilderness locations.
Each of these private aircrafts is an outstanding
example of AgustaWestland's dedication to
innovative technology, consistent performance,
unmatched versatility and cost-effectiveness, and
all are suitable for the VIP user.

Un hélicoptère privé permet d'éviter les embouteillages des grandes villes ou encore de filer vers
des étendues sauvages lointaines. Tous ces aéro-
nefs privés sont des exemples remarquables de la
faculté d'AgustaWestland de créer des technologies
innovantes, d'obtenir des résultats probants et d'atteindre une pluralité et une rentabilité inégalées, au
service des usagers VIP.

Een privé-helikopter kan helpen om zware files
in de stad te omzeilen of om snel weg te vliegen
naar verre plaatsen in de wildernis. Elk van deze
privé-vliegtuigen is een uitmuntend voorbeeld
van AgustaWestlands toewijding aan innovatieve
technologie, constante prestaties, ongeëvenaarde
veelzijdigheid en rendabiliteit, en is geschikt voor
de vooraanstaande gebruiker.

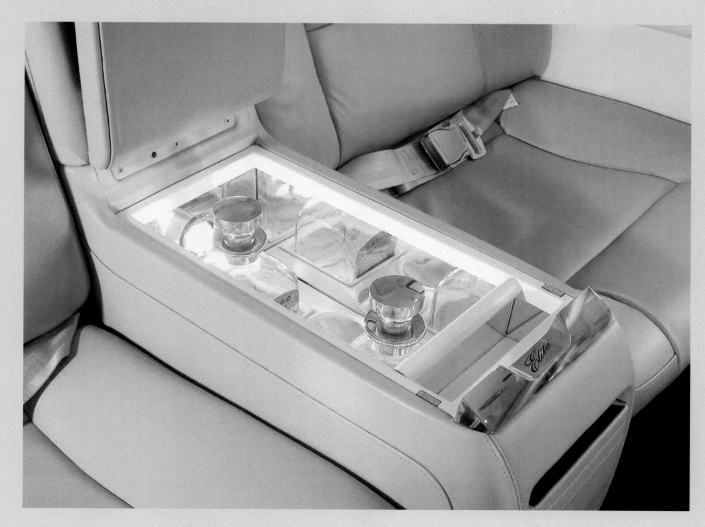

Helicopter Grand

Gyrocopter

PALV Vehicle | www.sparkdesign.nl

A cross between a helicopter and a motorbike, the gyrocopter is seen as the future mode of personal air and land transportation. This aerodynamic 3-wheel vehicle is as comfortable as a car on the road, yet has the agility of a motorbike due to its patented cutting-edge ‚tilting' system. The single rotor and propeller are folded away until the PALV is ready to fly under the 1,500 m floor of commercial air space.

À mi-chemin entre l'hélicoptère et la moto, le Gyrocopter est considéré comme le moyen de transport terrestre et aérien du futur. Ce véhicule aérodynamique à trois roues est aussi confortable qu'une voiture sur la route et possède en outre la maniabilité d'une moto grâce à son système sophistiqué de basculement breveté. Le rotor unique et l'hélice sont repliés jusqu'à ce que le PALV soit prêt à voler, sous la limite de l'espace commercial aérien (1.500 mètres).

De gyrocopter, een kruising tussen een helikopter en een motorfiets, wordt beschouwd als de toekomst van persoonlijk lucht- en landtransport. Dit aërodynamische, driewielige voertuig is even comfortabel als een wagen op de weg, maar heeft de wendbaarheid van een motorfiets dankzij zijn gepatenteerde, revolutionaire 'tilt'-systeem. De enkelvoudige rotor en propeller worden weggedraaid tot de PALV klaar is om onder de 1.500m-grens van het commerciële luchtruim te vliegen.

electronics

and entertainment

Ultra high-end products are rapidly emerging as there is a growing tendency towards personalization and extraordinary design as major factors for marketing luxury personal devices, electronics, and gadgets. The new electronics designed for the luxury consumer are more user friendly, have the ability to reflect the individual personality and mood of the consumer, as well as his wealth. The best expression of luxury is many times within the finest details.

Des produits très haut de gamme émergent rapidement en réponse à la tendance croissante de personnalisation et d'exaltation conceptuelle, facteurs clés de la commercialisation d'équipements personnels, de dispositifs électroniques et de gadgets. Les nouveaux outils électroniques destinés au consommateur de luxe sont plus conviviaux et ont le pouvoir de refléter la personnalité et l'humeur de chacun, ainsi que sa richesse. La meilleure expression du luxe réside souvent dans les plus infimes détails.

Ultrahoogwaardige producten vormen een snel groeiende markt aangezien er een verschuiving is naar individualisering en buitengewoon design als bepalende factoren voor de verkoop van luxueuze persoonlijke toestellen, elektronica en gadgets. De nieuwe elektronica die wordt ontworpen voor de luxeconsument is gebruiksvriendelijker, kan de individuele persoonlijkheid en stemming van de consument weerspiegelen alsook zijn rijkdom. Luxe komt vaak het best tot uitdrukking in de fijnste details.

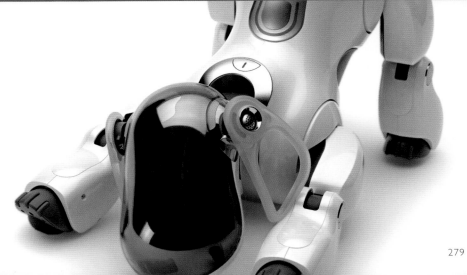

electronics and entertainment

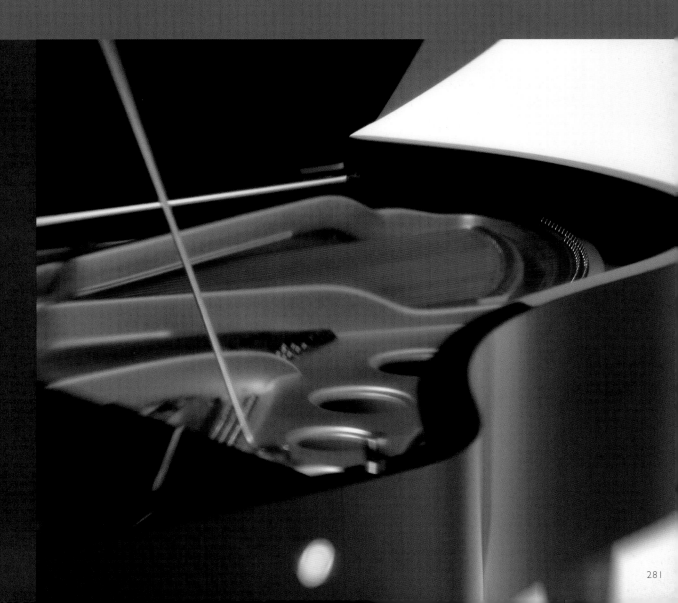

Home Theater Systems

Theo Kalomirakis Theaters
www.tktheaters.com

Kalomirakis uses his theater design experience in residential environments that capture the ambiance and excitement of some of the most architecturally ambitious theaters in the world. Drawing upon client's personal tastes, memories, and fantasies, along with inspired passion for cinema and movie palaces, these custom designed home theaters, some costing up to one million euros to build, are a blend of exciting interior design with the latest technology.

Kalomirakis transfère son expérience au design de cinéma à domicile, dans des résidences qui s'approprient ainsi l'ambiance et l'excitation des théâtres les plus somptueux du monde. Inspirés des goûts du client, de ses souvenirs, de ses fantasmes, et d'une passion sans borne pour le cinéma et ses temples, ces home-cinémas personnalisés, qui peuvent coûter jusqu'à un million d'euros, sont un mélange de décoration d'intérieur exaltée et de haute technologie.

Kalomirakis gebruikt zijn ervaring op het vlak van theaterdesign om residentiële omgevingen te creëren die de sfeer en spanning van enkele van de architecturaal gezien meest ambitieuze theaters ter wereld vatten. Voortbouwend op de persoonlijke maken van klanten, herinneringen en fantasieën, samen met een geïnspireerde passie voor cinema en filmpaleizen, zijn deze op maat ontworpen thuisbioscopen, waarvan sommige meer dan een miljoen euro kosten om te bouwen, een mengeling van boeiend interieurdesign met de recentste technologie.

Outdoor Inflatable Superscreen
Frontgate | www.frontgate.com

Originally developed for resorts and private golf clubs, the inflatable outdoor theater screen is a new trend in outdoor living. For roughly €8,000, friends and family can come over to watch games or play videos by the pool or on the patio on this mega size screen, revolutionizing the way the next big game is watched.

Initialement conçu pour les hôtels et les clubs de golf privés, l'écran géant gonflable pour extérieur est une tendance à la hausse dans les produits de plein air. Pour approximativement € 8.000, les amis et les familles peuvent se réunir pour regarder des événements sportifs ou des films au bord de la piscine ou sur une terrasse, grâce à cet écran immense, qui révolutionne le visionnage de matches.

Het opblaasbare theaterscherm voor gebruik in openlucht, oorspronkelijk ontwikkeld voor vakantieoorden en privé-golfclubs, is een nieuwe trend in het buitenleven. Voor zo'n € 8.000 kunnen vrienden en familie langskomen om bij het zwembad of op de patio wedstrijden te bekijken of videospelletjes te spelen op dit megagrote scherm, dat een ware revolutie ontketent in de manier waarop de volgende grote wedstrijd wordt bekeken.

Photos: Sonia Payes

Turntable

Continuum Audio Labs
www.continuumaudiolabs.com

This €90,000 turntable system includes a fanciful retro stand that is a solid piece of artwork, weighing about 396 pounds, supporting the 160 pound turntable on a magnetically levitated shelf to eliminate any vibration, creating the perfect smooth sounding music.

Cette platine d'une valeur de € 90.000 comprend un support rétro déroutant, oeuvre d'art massive pesant près de 180 kg. La platine pesant 72 kg est posée sur une étagère maintenue en lévitation magnétiquement au-dessus du meuble afin de supprimer toute vibration et de créer un son épuré.

Dit draaitafelsysteem van € 90.000 omvat een fantasierijk retrostatief dat een echt kunstwerk is. Het statief weegt ongeveer 180 kg en ondersteunt de 72 kg zware draaitafel op een magnetisch opgetilde plaat om elke mogelijke trilling te elimineren, waardoor de muziek perfect en ononderbroken klinkt.

Turntable

Origin Live | www.originlive.com

With a unique style of chrome plated pods and components with black plinth and acrylic platter, this deck is a fabulous showpiece for any home audio system. This €5,900 turntable has a semi suspended deck with a sub-chassis design built with the highest grade materials for the highest potential for the reproduction of music.

Très stylée avec ses cosses chromées, son socle noir et son plateau acrylique, cette platine est une œuvre sublime pour écouter de la musique chez soi. D'une valeur de € 5.900, elle est dotée d'une platine à demi suspendue et d'un sous-châssis conçu et fabriqué à l'aide des meilleurs matériaux pour une reproduction sonore sans égale.

Met een uniek samenspel van verchroomde houders en constructies met zwarte plint en acrylplaat is dit systeem een fabelachtig prachtexemplaar voor eender welk geluidssysteem in huis. Deze draaitafel van € 5.900 heeft een half opgehangen afspeelmechanisme met een onderchassis dat is vervaardigd van de fijnste materialen voor een maximale muziekweergave.

ESL Series

Martin Logan | www.martinlogan.com

These loudspeakers embody one of the most sophisticated engineering and design in the industry, featuring their patented CLS™ (Curvilinear Line Source) electrostatic panels and many other advanced Martin Logan technologies that effortlessly reveal every subtle nuance of recorded sound.

Ces haut-parleurs incarnent une technologie et un design des plus sophistiqués. Dotés de leurs panneaux électrostatiques CLS™ (Curvilinear Line Source) brevetés, ils offrent bien d'autres caractéristiques avancées propres à Martin Logan, qui révèlent sans effort chaque nuance subtile du son enregistré.

In deze luidsprekers huist een van de meest gesofistikeerde technologieën en designs in de sector, met hun gepatenteerde CLS™ (Curvilinear Line Source) elektrostatische panelen en veel andere geavanceerde technologieën van Martin Logan die moeiteloos elke subtiele nuance van opgenomen geluid onthullen.

nuLine Speakers

Nubert Speaker Factory | www.nubert.de

Each and every loudspeaker model is based on an intensive development process and long planning phase where form still follows function and high quality, but still presented with a timeless elegant design. Precisely adjusted components, such as the chassis, extremely complex diplexers, and the stable cases, are all carefully constructed in Germany.

Chaque modèle de haut-parleur, sans exception, est fabriqué selon un processus de développement intensif et une planification approfondie, où la forme va toujours de pair avec la fonctionnalité et la haute qualité, dans un style élégant et intemporel. Les composants, châssis, diplexeurs extrêmement complexes et boîtiers stables sont réglés avec précision et tous consciencieusement fabriqués en Allemagne.

Elk luidsprekermodel is gebaseerd op een intensief ontwikkelingsproces en lange planningsfase waarbij de vorm in de lijn van de functionaliteit en hoogwaardige kwaliteit blijft, maar nog altijd wordt gepresenteerd in een tijdloos elegant design. De precies op elkaar afgestemde onderdelen, zoals het chassis, de extreem complexe diplexers en de stabiele behuizingen, worden allemaal zorgvuldig vervaardigd in Duitsland.

Marten Loudspeakers

Marten Design | www.martendesign.com

Marten takes excellent elements and creates a chemistry that produces extraordinary music with these superior, beautifully constructed loudspeakers. Sounding more like electrostatic speakers, both movies and music are reproduced with unequaled purity, transparency and lifelike realism as they cast a large and seamless musical image.

Marten prend des éléments d'excellente qualité, puis crée une chimie qui donne naissance à une musique extraordinaire, émanant de ces haut-parleurs sans égal, superbement construits. Avec un son proche de celui des enceintes électrostatiques, films et musiques sont reproduits avec une pureté, une transparence et un réalisme incomparables, tout en diffusant une image musicale étendue et lisse.

Marten neemt uitstekende elementen en creëert een chemie die buitengewone muziek produceert met deze superieure, prachtig geconstrueerde luidsprekers. Doordat ze veeleer als elektrostatische speakers klinken, worden zowel films als muziek weergegeven met een ongeëvenaarde zuiverheid, transparantie en levensecht realisme; ze tekenen een groot en naadloos muzikaal beeld.

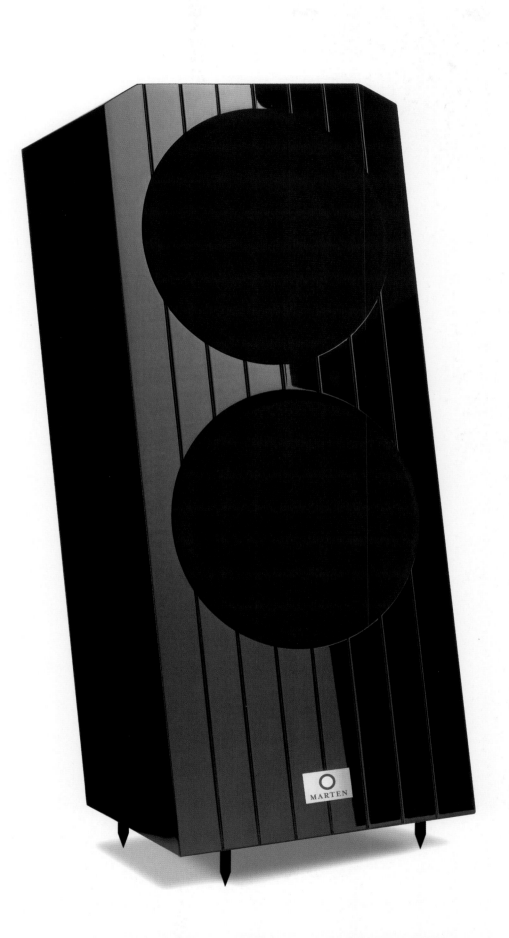

Firebird Speakers

Haliaetus | www.haliaetus.com

The Firebird Speakers utilize rocket-nozzle-like exhaust tubes to increase bass response, originally referred to as 'acoustic nozzles' by its French manufacturer Haliaetus, costing about €4,000 each.

Les enceintes Firebird, qui valent environ € 4.000, sont construites à partir de tuyaux d'échappement similaires à des tuyères de fusée. Visant à améliorer la reproduction des basses, ces tuyaux ont été baptisés « tuyères acoustiques » par l'atelier français d'Haliaetus.

De Firebird Speakers maken gebruik van raketachtige uitlaatpijpen om de basrespons te verbeteren. Ze werden oorspronkelijk 'akoestische pijpen' genoemd door de Franse fabrikant Haliaetus, en kosten ongeveer € 4.000 per stuk.

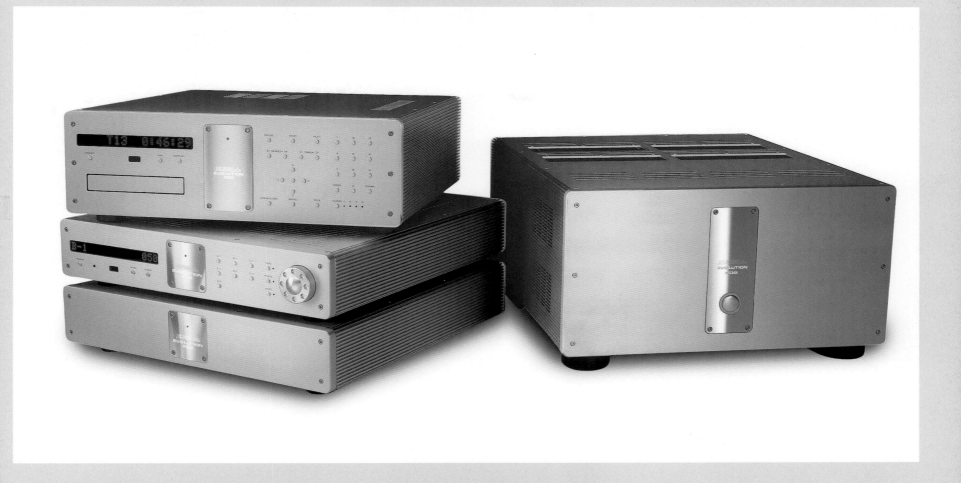

Krell Evolution Audio
Components

Krell | www.krellonline.com

The Krell Evolution Series culminates more than two decades of cutting edge audio design, and includes stereo and home theater components that embody 26 years of design and manufacturing excellence.

La gamme Evolution de Krell domine depuis plus de vingt ans le design audio de pointe. Elle intègre des composants stéréo et de home-cinéma et incarne depuis 26 ans l'excellence dans le domaine de la conception et de la fabrication.

De Krell Evolution Series culmineert meer dan twee decennia van revolutionair audiodesign, en bevat stereo- en thuisbioscooponderdelen waarin 26 jaar uitmuntendheid op het vlak van design en makelij vervat is.

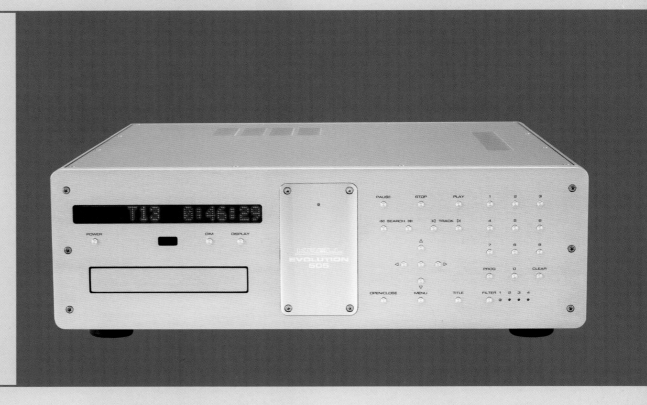

Duo Argentum

Duo Argentum
Duo Vitreum

Felix Bopp® | www.felixbopp.com

The stylish keyboard and mouse are set in a pow-der-coated aluminum housing and come with a padded hand rest covered with soft baby cowhide for utmost comfort. The modern, durable design has flat keys embedded in brushed aluminum or hand polished glas.

L'élégant clavier et sa souris assortie sont recouverts d'aluminium en poudre et sont dotés d'appuis-main revêtus de cuir de vachette très souple pour un confort extrême. Le concept moderne et intem-porel repose également sur les touches encastrées dans de l'aluminium brossé ou du verre poli à la main.

Een stijlvol toetsenbord met muis is in een poe-dergelakte aluminium behuizing geplaatst en wordt geleverd met een gevoerde handsteun met babyzachte koeienhuid voor optimaal comfort. In het moderne, duurzame design zijn vlakke toetsen ingebed in geborsteld aluminium of met de hand gepolijst glas.

Duo Vitreum

Duo Argentum

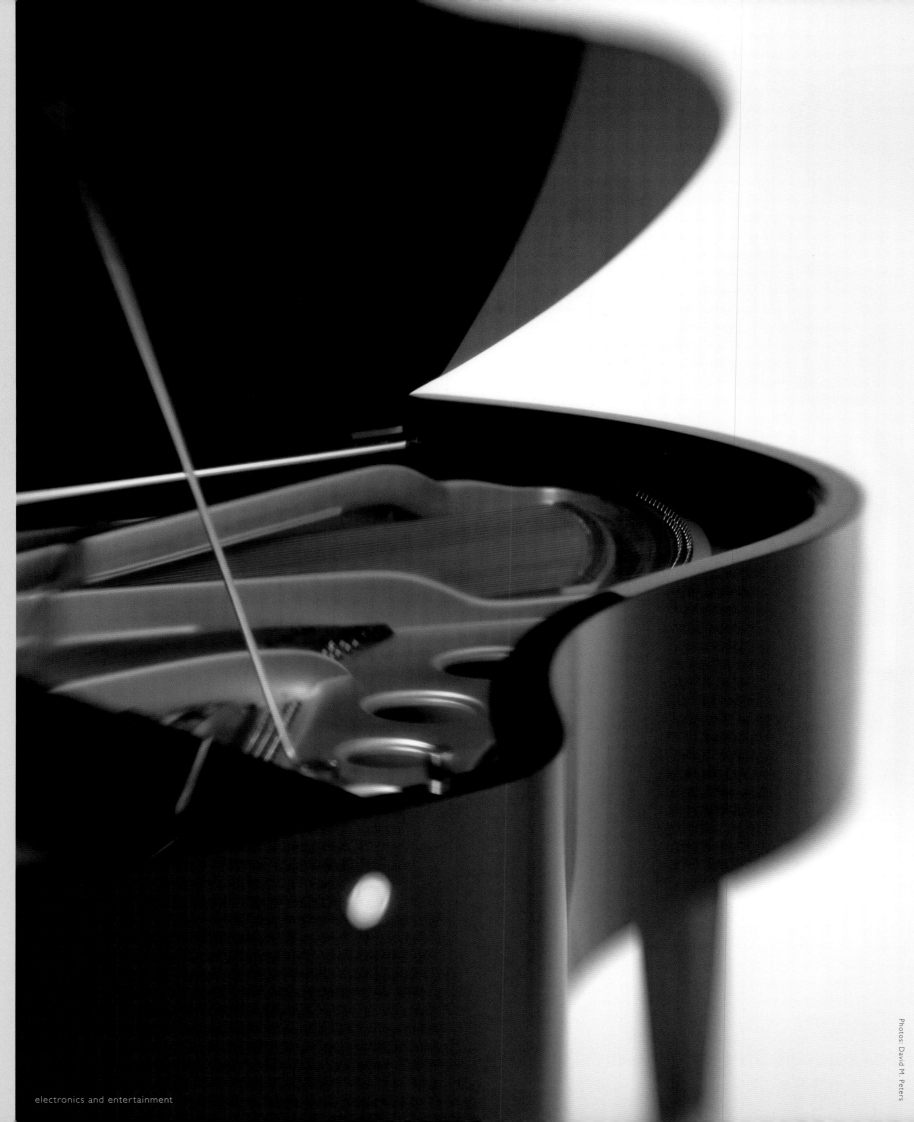

Bösendorfer
Design by F.A.Porsche

L. Bösendorfer Klavierfabrik GmbH
www.bosendorfer.com

Developed in close cooperation with the internationally reputed companies Porsche Design and Bösendorfer, this grand piano represents a contemporary approach to piano design. This model incorporates ground-breaking new design features such as silvery shining aluminum combined with dark-grey metallic lacquer surfaces.

Conçu en étroite collaboration avec les entreprises de renommée internationale Porsche Design et Bösendorfer, ce somptueux piano est une approche contemporaine du design. Ce modèle comprend des caractéristiques de conception pionnières et allie par exemple de l'aluminium argenté étincelant à des surfaces laquées métalliques gris foncé.

Deze vleugelpiano, ontwikkeld in nauwe samenwerking met de internationaal vermaarde bedrijven Porsche Design en Bösendorfer, vertegenwoordigt een moderne benadering van pianodesign. Dit model verenigt revolutionaire, nieuwe designkenmerken zoals aluminium met een zilverkleurige schijn in combinatie met oppervlakken van donkergrijze metaallak.

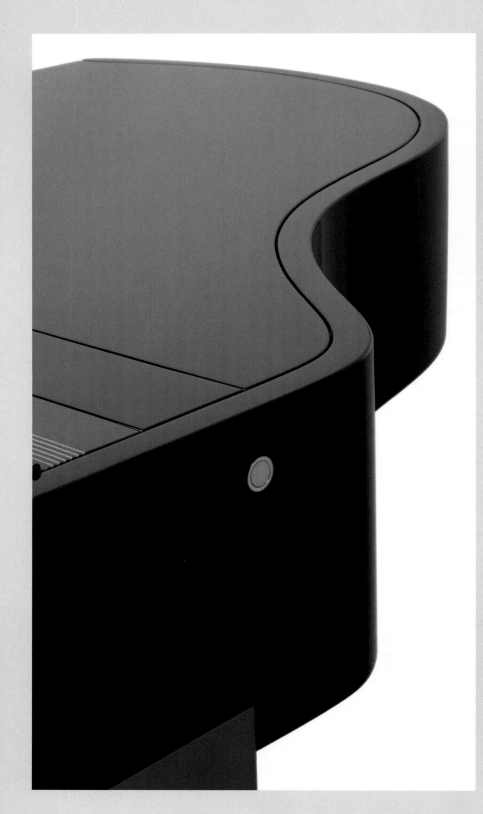

D 100 Deluxe Guitar
Limited Edition

C. F. Martin & Co., Inc.
www.martinguitar.com

An €88,000 dream guitar that is uniquely made from Brazilian rosewood with the most luxurious ornamentation, such as exquisite herringbone pearl inlay patterns, Waverly gold hand-engraved tuners with butterbean knobs, gold-color frets and a fossilized ivory bridge, and endpins topped with green tourmaline dots in 14-karat gold settings.

Cette guitare de rêve d'une valeur de € 88.000 en bois de rose du Brésil est dotée d'un design exclusif et de décorations prestigieuses : motifs à chevrons en incrustations de perles délicates, mécaniques Waverly plaquées or avec boutons gravés à la main, frettes dorées, chevalet en ivoire fossilisé et sommets de chevillettes surmontés de tourmaline cerclée d'or 14 carats.

Een droomgitaar van € 88.000 die volledig van Bra-ziliaans palissander is vervaardigd en met de meest luxeueze ornamentatie is getooid, zoals verfijnde patronen van inlegwerk in visgraatparel, gouden, met de hand gegraveerde Waverly stemsleutels met knoppen in limageel, goudkleurige frets, een kam van gefossiliseerd ivoor, en sluitpennen met groene toermalijnpunten gezet in 14-karaats goud.

iriver U10

iriver Europe GmbH | www.iriver.eu.com

This ingenious player has only a high-resolution display with not a button in sight. Regardless of whether you want music, videos, photos, texts, games or flash animations, the U10 is the perfect mobile entertainment machine with superb sound quality. It's affordable at under €200, and fits into any pocket with its tiny dimensions.

Cet ingénieux lecteur n'a qu'un écran haute résolution, et pas le moindre bouton. Que vous vouliez reproduire du son, des vidéos, afficher des photos, des textes, des jeux ou des animations Flash, l'U10 est l'appareil de loisirs portable par excellence. D'une qualité sonore excellente et très compact, l'U10 est disponible pour moins de € 200 et se glisse dans toutes les poches.

Deze vernuftige speler heeft enkel een scherm met hoge resolutie, zonder dat er ook maar een knop te zien is. Of u nu muziek, video's, foto's, teksten, spelletjes of flashanimaties wilt, de U10 is het perfecte mobiele entertainmenttoestel met een superieure geluidskwaliteit. Hij is niet alleen betaalbaar met zijn prijskaartje van minder dan € 200, maar past dankzij zijn minimale afmetingen ook in elke zak.

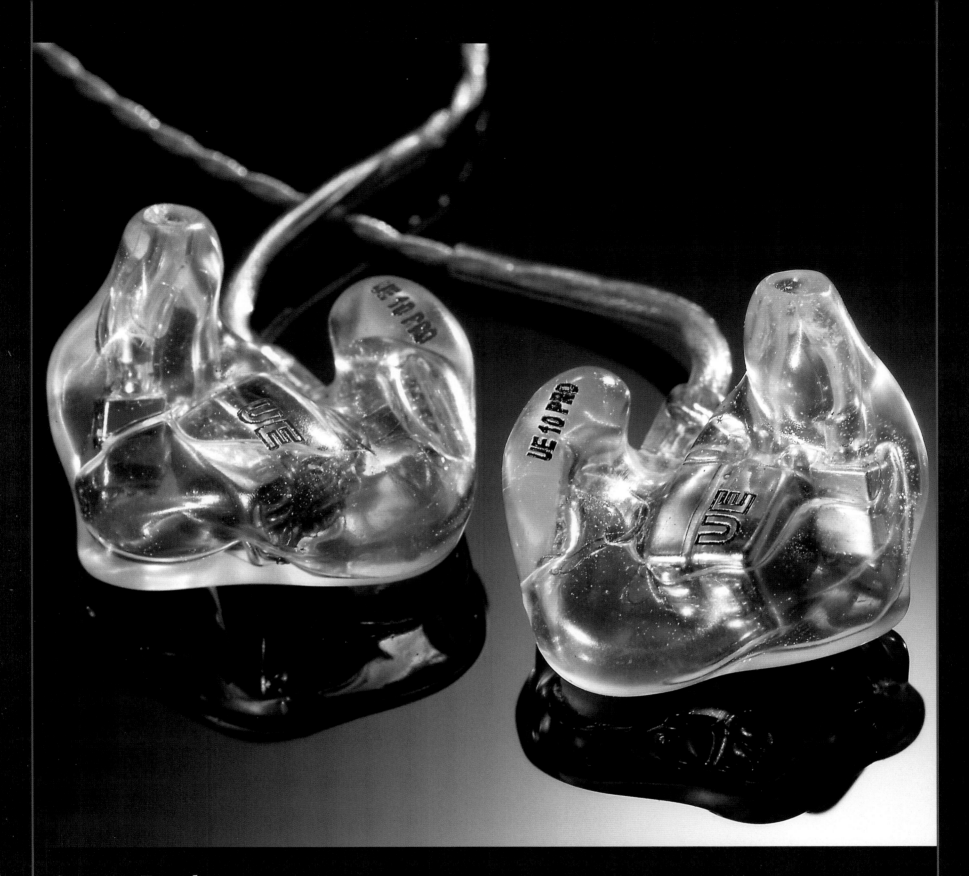

Custom Earphones

Ultimate Ears | www.ultimateears.com

These custom fit personal earphones were origi-nally developed for professional applications, and now deliver the ultimate in total comfort for the general population. With high definition and precise sound reproduction, and by blocking out all background noise, it is the best way to have the absolute greatest listening experience available.

Ces écouteurs sur mesure ont été initialement conçus pour le monde des professionnels. Désormais destinés au grand public, ils offrent le nec plus ultra en matière de confort et reproduisent un son pré-cis haute définition. Capables de supprimer le bruit ambiant de manière significative, ils sont le meilleur moyen de vivre une expérience audio absolue.

Deze op maat gesneden oortelefoon werd oorspron-kelijk ontwikkeld voor professionele toepassingen, en levert nu het ultieme totale comfort voor het brede publiek. Met een precieze geluidsweergave met hoge resolutie, en door alle achtergrondruis te elimineren, is dit de beste manier om de absoluut mooiste luisterervaring te beleven.

VPC-HD1 Camera

Sanyo | www.sanyodigital.com

This media camera brings high definition video recording to a new, compact and low-cost level. This miniature camera with unique "pistol-grip" design combines 5.1 megapixel still images with MPEG4 video. Stills and 720p hi-def video are recorded without tape using a standard SD flash memory card. The HD1 has a 2.2 inch OLED display monitor built in for new levels of power and space efficiency with increased light output.

Cette caméra compacte et abordable entraîne l'enregistrement vidéo haute définition sur un terrain inédit. Miniature, dotée d'un design exclusif en forme de poignée pistolet, elle combine des images fixes de 5.1 mégapixels avec la vidéo MPEG4. Les vidéos haute définition 720p et fixes sont enregistrées sans bande, sur une carte de mémoire flash. La HD1 offre un écran OLED 2,2" intégré pour des niveaux de puissance et un espace jamais vus ainsi qu'une luminosité accrue.

Deze mediacamera verheft beeldopname in hoge resolutie tot een nieuw, compact en betaalbaar niveau. Deze miniatuurcamera met unieke "pistoolgreep" combineert stilstaande beelden van 5.1 megapixels met MPEG4-video. Stilstaande beelden en 720p hi-def video worden zonder tape opgenomen met behulp van een standaard SD-flashgeheugenkaart. De HD1 heeft een ingebouwde 2,2 inch OLED-display voor maximale efficiëntie inzake vermogen en ruimte, inclusief verhoogd lichtrendement.

EVERYTHING

HD Beat Titanium

DirecTV | www.titanium.directv.com

For a membership of only €6,000 per year, HD Beat created the ultimate channel changer with a brand new service called DirecTV Titanium. This service gives you access to every single thing that DirecTV offers, including all their HD channels, sporting events, movies, pay-per-views and adult programming all in one push of a button.

Pour un abonnement annuel de seulement € 6.000, HD Beat propose le meilleur bouquet de chaînes télévisées ainsi qu'un nouveau service appelé DirecTV Titanium. Ce dispositif vous donne accès à toutes les options de DirecTV, y compris les chaînes Haute Définition, les événements sportifs, les films, les programmes pour adultes et la télévision à la carte. Il vous suffit pour cela d'appuyer sur un bouton.

Voor een lidmaatschap van slechts € 6.000 per jaar, heeft HD Beat de ultieme kanaalwisselaar ontwikkeld met een spiksplinternieuwe service die DirecTV Titanium is gedoopt. Met dit toestel hebt u met slechts één druk op de knop toegang tot alles wat DirecTV aanbiedt, waaronder al hun HD-kanalen, sportevenementen, films, betalende pagina's en programma's voor volwassenen.

SILVERFISH Underwater Housing for Camcorder

Deutsche Mechatronics | www.silverfish.info

This new universal underwater housing for a price of €1,800 has remarkable flexibility in using more than 100 different types of camcorders for underwater filming.

Ce nouveau caisson sous-marin universel, au prix de € 1.800, s'adapte remarquablement à plus de 100 types de caméscopes pour des tournages aquatiques.

Dit nieuwe universeel onderwaterhuis van € 1.800 is verbazend flexibel in het gebruik van meer dan 100 verschillende types camcorders voor opnames onder water.

Underwater Telephone Communicator
MK II Buddy Phone

Ocean Technology Systems
www.oceantechnologysystems.com

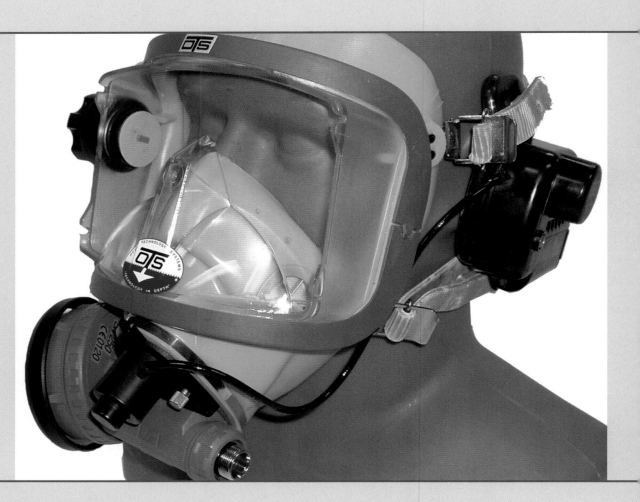

The silent world is not an option with the €1,000 MKII Buddy Phone, an underwater communication system which allows divers to talk to each other while underwater. You can also talk and listen to the divers on land or boat via an SP-100D Buddy Phone surface station.

Le silence n'est pas une option avec le MKII Buddy Phone. Ce système de communication sous-marin, d'une valeur de € 1.000, permet aux plongeurs de se parler. Il offre également la possibilité de s'adresser aux plongeurs depuis la jetée et de les écouter grâce au dispositif SP-100D Buddy Phone Surface Station.

Een stille wereld is geen optie met de MKII Buddy Phone van € 1.000, een communicatiesysteem voor onder water waarmee duikers met elkaar kunnen praten. U kunt ook vanop het vasteland of vanop een boot spreken met en luisteren naar de duikers via een SP-100D Buddy Phone Surface Station.

Photo Stuart Cove

Aston Martin 800 Nokia Mobile Telephone

Aston Martin | www.astonmartin.com

A unique collaboration between two of the world's most respectable brands of high quality and style, this €1,200 tri-band mobile telephone offers a full color display, complete with a SVGA camera with movie functions, a digital music player, and Bluetooth connectivity, all housed within a slender stainless steel slider case with a weighty, machined feel, and a polished and brushed metal casing.

Fruit d'une collaboration unique entre deux des marques de prestige et d'élégance les plus respectables au monde, ce téléphone portable tri-bande d'une valeur de € 1.200 offre un écran couleur, un appareil photo SVGA avec fonctions caméra, un lecteur audio numérique, une connectivité Bluetooth ; le tout dans un boîtier coulissant en acier inoxydable tout en finesse avec un habillage métallique poli et brossé, vigoureux et travaillé.

Deze driebands mobiele telefoon van € 1.200, voortgesproten uit een unieke samenwerking tussen twee van 's werelds meest gerespecteerde merken op het vlak van kwaliteit en stijl, biedt een kleurenscherm, compleet met een SVGA-camera met video-opnamefuncties, een digitale muziekspeler, Bluetooth-aansluiting, allemaal ondergebracht in een slanke, roestvrijstalen schuifbehuizing met een goed aanvoelend gewicht, en een gepolijste en geborstelde metalen behuizing.

Vertu Mobile Phone

Vertu | www.vertu.com

Vertu phones are the most luxury mobile phones in the world with international worldwide access. Offering exclusive services like your own personal concierge, the Vertu phones are handcrafted in precious materials and are priced from €4,000 to €75,000.

Les téléphones Vertu sont les portables les plus luxueux du monde avec un accès international dans le monde entier. Offrant des services exclusifs comme votre propre concierge, les téléphones Vertu sont fabriqués dans de précieux matériaux et coûtent entre € 4.000 et € 75.000.

Vertu-telefoons zijn de meest luxueuze gsm's ter wereld en bieden wereldwijde internationale toegang. De Vertu-telefoontoestellen bieden exclusieve diensten zoals uw persoonlijke conciërge, zijn met de hand vervaardigd in kostbare materialen en hebben een prijskaartje van € 4.000 tot € 75.000.

Marc Newson
KDDI Talby Cell

KDDI / Marc Newson | www.au.kddi.com

KDDI and Okinawa Cellular have launched the Talby in the 'au' design project by designer Marc Newson. Talby boasts an ultra-flat, ultra-slim design achieved with an internal antenna allowing users to slip the phone easily into pockets, or to attach the Talby around the neck as a fashion accessory with a strap attached to the phone.

KDDI et Okinawa Cellular ont lancé le Talby dans le cadre du projet conceptuel baptisé « au » du créateur Marc Newson. Le Talby arbore un design ultraplat, ultrafin, avec une antenne interne qui permet aux utilisateurs de glisser facilement le téléphone dans leur poche ; grâce à la sangle, ils peuvent également l'attacher autour de leur cou à l'instar d'un accessoire de mode.

KDDI en Okinawa Cellular hebben de Talby geïntroduceerd in het 'au' designproject van ontwerper Marc Newson. Talby kan bogen op een ultravlak, uiterst slank design en een inwendige antenne waardoor gebruikers de telefoon gemakkelijk in hun zakken kunnen laten glippen, of met een riempje rond hun hals aanbrengen als modeaccessoire.

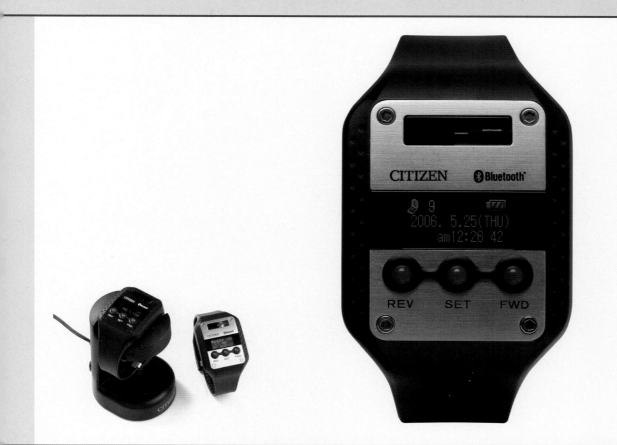

i:VIRT™

Citizen | www.citizen.jp

This limited edition Bluetooth enabled wristwatch communicates with your mobile phone and alerts you of all incoming calls by vibrating and flashing light. It displays the caller information from your mobile phone on its tiny display.

Cette montre-bracelet édition limitée dotée de la technologie Bluetooth communique avec votre portable et vous avertit des appels entrants en clignotant et en vibrant ; elle affiche en outre les coordonnées de l'appelant sur son écran minuscule.

Dit voor Bluetooth geschikte polshorloge met beperkte oplage communiceert met uw gsm. Het waarschuwt u voor alle inkomende oproepen door middel van trillingen en een knipperlicht, en geeft de oproepinformatie weer op het kleine scherm.

Automower from Husqvarna™

Husqvarna Outdoor Products
www.automower.com

This auto lawnmower is designed to keep lawns neatly trimmed throughout the growing season with minimal human assistance. In addition to simply mowing the lawn, key benefits include the elimination of noise and emission free operation.

Cette tondeuse automatique a été conçue pour que les pelouses soient toujours fraîchement coupées pendant la haute saison, avec une intervention minimale de l'utilisateur. En outre, elle est silencieuse et ne pollue pas.

Deze automatische grasmaaier is ontworpen om gazons proper gemaaid te houden gedurende het hele groeiseizoen, en dat met een minimum aan menselijke inspanning. Dit toestel maait niet alleen het gras, maar elimineert ook alle lawaai en stoot geen schadelijke stoffen uit.

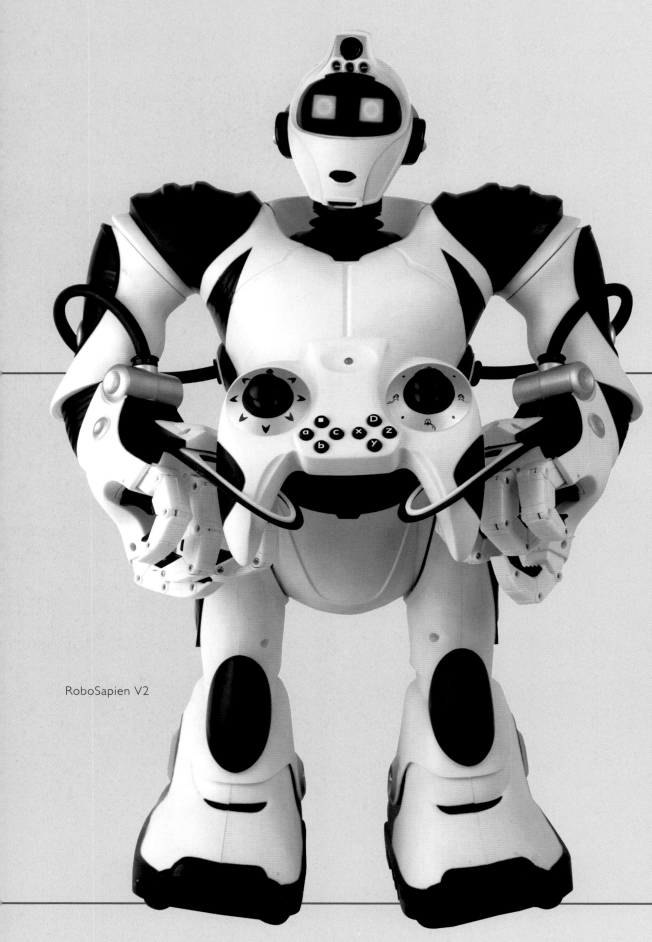

RoboSapien V2

RoboSapien V2 and Roboraptor™

WowWee Robotics | www.wowwee.com

This bionic buddy of about €200 has motors that can control the limbs, digits, head and neck, stereo microphones for sensing audio and a camera that detects motions and color. This robot reacts to its environment with specially designed artificial intelligence and takes commands from a two-stick infrared remote. Roboraptor is available for €95.

Ce copain bionique de environ € 200 est doté de moteurs capables de contrôler ses membres, ses doigts, sa tête et son cou. Ses micros stéréo lui permettent de percevoir les sons et sa caméra détecte les mouvements et les couleurs. Ce robot réagit à son environnement grâce à une intelligence artificielle spéciale et il reçoit les ordres d'une double télécommande infrarouge. Roboraptor coûte € 95.

Dit bionische maatje van ongeveer € 200 beschikt over motoren die zijn ledematen, vingers/tenen, hoofd en hals aansturen, een stereomicrofoon om geluid te detecteren en een camera die bewegingen en kleuren detecteert. Deze robot reageert op zijn omgeving dankzij speciaal ontworpen artificiële intelligentie en wordt bediend met behulp van een dubbele infrarode afstandsbediening. Roboraptor is verkrijgbaar voor € 95.

Roboraptor™

AIBO ERS-7

Sony | www.eu.aibo.com

The legged RoboDog is the size of an adult Labrador and has sophisticated motor capabilities. It has more to offer than just entertainment, as it is an advanced computer in animal form that literally brings you your news and reads your messages out loud.

Le robot marcheur RoboDog a la taille d'un labrador adulte et ses capacités motrices sophistiquées font de cet objet bien plus qu'un simple jouet. C'est un ordinateur avancé en forme d'animal qui vous apporte votre journal et lit vos messages à haute voix.

De RoboDog op poten is even groot als een volwassen labrador en heeft gesofistikeerde motoreigenschappen. Hij heeft meer te bieden dan louter entertainment, het is ook een geavanceerde computer in dierenvorm die u letterlijk uw nieuws brengt en uw berichten hardop voorleest.

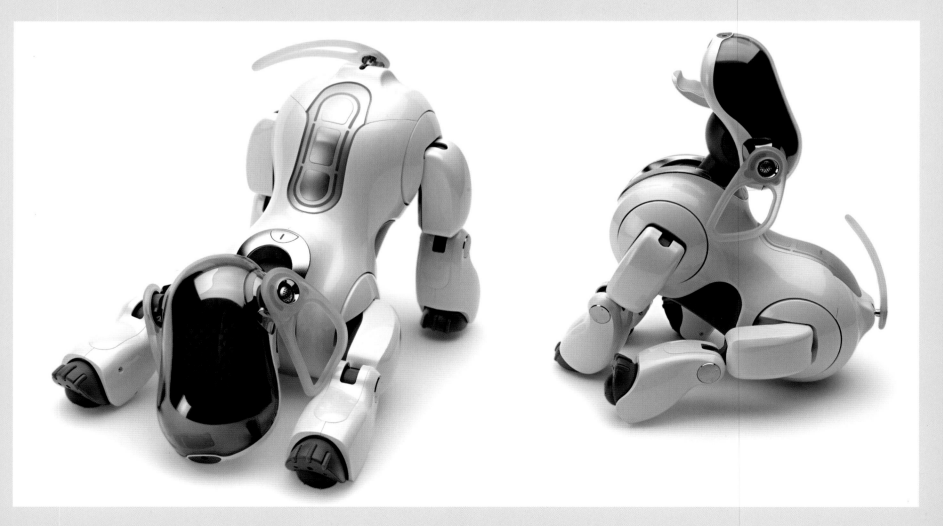

Ralph Gibson Camera

Leica | www.leica-camera.com

Tamarkin | www.tamarkin.com

This special edition Leica camera has been custom crafted to Ralph Gibson's personal specifications, is offered in a limited edition of 50 pieces worldwide and retails for €4,400.

Cette édition spéciale de l'appareil photo Leica est fabriquée artisanalement selon les directives de Ralph Gibson. Il en existe 50 pièces dans le monde entier qui sont vendues € 4.400.

Deze speciaal uitgebrachte Leica-camera is op maat gemaakt volgens de persoonlijke specificaties van Ralph Gibson en wordt aangeboden in een beperkte oplage van 50 stuks wereldwijd. De prijs in de detailhandel bedraagt € 4.400.

Action Sports
Hands-Free Camera

Hammacher Schlemmer | www.hammacher.com

This small, lightweight, shock-resistant video camera can be clipped to a helmet, handlebar, ski pole, or just about anywhere else, allowing you to capture hands-free video footage without distraction while snowboarding, skateboarding, skiing, or cycling.

Cette petite caméra vidéo, légère et antichoc, peut être fixée à un casque, un guidon, un bâton de ski ou ailleurs, et vous permet de filmer sans les mains, en toute liberté, lorsque vous faites du surf, du skateboard, du ski ou du vélo.

Deze kleine, lichte, schokbestendige videocamera kunt u vastklemmen op een helm, handvat, skistok, of waar u maar wilt, zodat u handsfree beeldopnames kunt maken zonder dat u wordt afgeleid tijdens het snowboarden, skateboarden, skiën of fietsen.

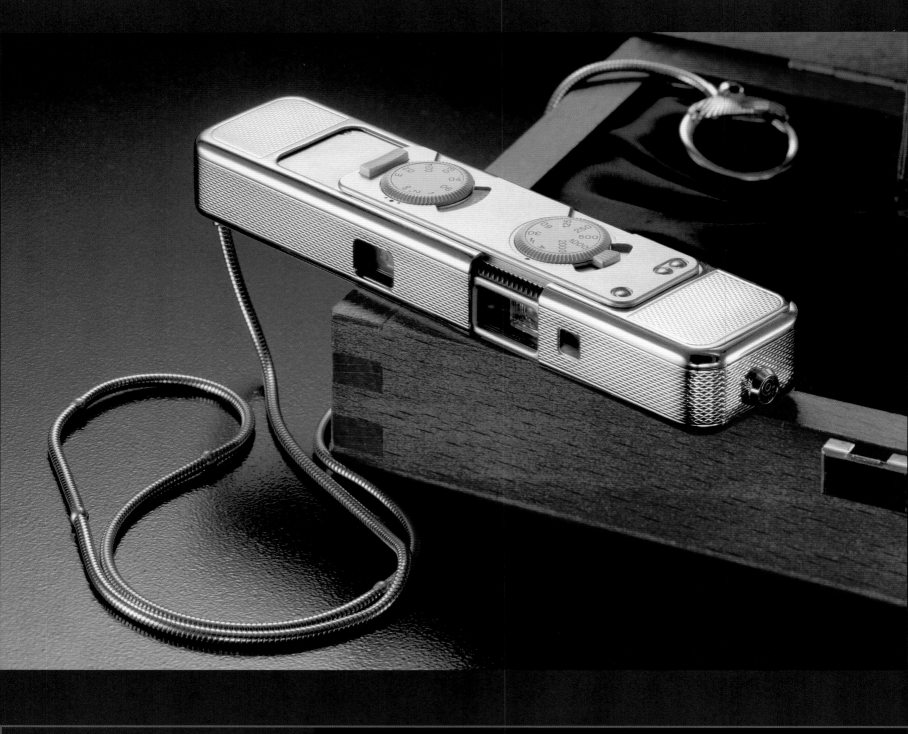

Minox 007

MINOX GmbH | www.minox.com

This amazing compact little camera has been touted as a favorite gadget within the world of espionage. It fits into the palm of the hand and weighs less than a cigarette lighter.

Cet appareil photo incroyablement compact a été présenté comme le gadget favori du monde de l'espionnage. Il tient dans la paume de la main et pèse moins qu'un briquet.

Deze verbluffend compacte kleine camera wordt aangeprezen als het favoriete gadget in de wereld van de spionage. Hij past in de palm van de hand en weegt minder dan een aansteker.

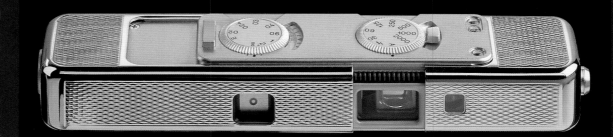

Dunhill Blackberry Holder

Dunhill | www.dunhill.com

Synonymous with elegance, style and sophistication, Dunhill continues to please with its range of cases, including this ultra fine leather Blackberry flip-opening case in a variety of stylish skins for just under €1,000. It is the only way to house and protect the Blackberry with class ands high style.

Synonyme d'élégance, de style et de sophistication, Dunhill continue à fasciner avec sa gamme d'étuis, comme ce modèle en cuir ultrafin à rabat spécial Blackberry, disponible dans différents types de cuir chics pour moins de € 1.000. La seule manière de ranger et de protéger votre Blackberry avec classe et raffinement.

Dunhill, synoniem voor elegantie, stijl en verfijning, blijft behagen met zijn assortiment etuis, waaronder dit Blackberry klapetui in uiterst fijn leder en een waaier van stijlvolle afwerkingen, voor net iets minder dan € 1.000. Het is de enige manier om de Blackberry met klasse en verfijnde stijl op te bergen en te beschermen.

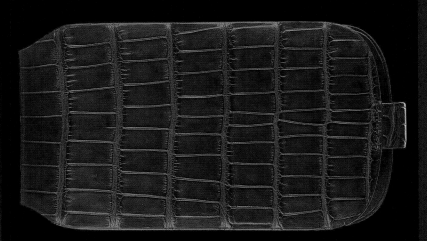

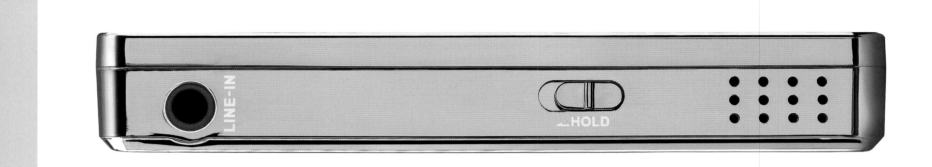

MP-500, MP3 Player

Jens of Sweden | www.jensofsweden.com

This new multimedia player has one of the thinnest shells (13mm) on the market for under €150, and lets you watch your favorite movie, as well as sing along to the soundtrack with a built-in karaoke function. There is a remarkable variety of functions, such as an MP3 and MP4 player, radio, stereo speakers and a crisp display. Available with 2GB memory in black or gold.

Ce nouveau lecteur multimédia a l'une des plus petites coques (13 mm) du marché et coûte moins de € 150. Vous pouvez y visionner votre film préféré ou chanter vos titres favoris grâce à sa fonction karaoké intégrée. Il propose d'innombrables fonctions : lecteur MP3 et MP4, radio, enceintes stéréo et écran très net. Disponible avec une mémoire de 2 GB, en noir ou doré.

Deze nieuwe multimediaspeler heeft een van de dunste omhulsels (13mm) op de markt voor minder dan € 150. U kunt er uw favoriete film mee bekijken, maar ook meezingen met de soundtrack dankzij de ingebouwde karaokefunctie. Er is een buitengewone waaier aan functies beschikbaar, zoals een MP3- en MP4-speler, radio, stereo luidsprekers en een heldere display. Verkrijgbaar met 2GB geheugen, in het zwart of goudkleurig.

MP-X, water resistant MP3 Player by Jens of Sweden

Clothes & Backpack with MP3

Eleksen | www.eleksen.com
KOYONO | www.koyono.com

Koyono's new coats from €150 to €230 provide the maximum ease for work, travel and entertainment by including ElekTex®, a fabric technology from Eleksen Group, that has been integrated into the lapels so that the iPod can be tucked away safely inside the pocket while adjusting volume, tracks, and power through external fabric sensors.

Les nouveaux manteaux de Koyono coûtant entre € 150 et € 230 offrent un confort maximum pour travailler, voyager et s'amuser grâce à ElekTex®, une technologie de tissu du groupe Eleksen, qui a été intégrée dans les revers de manière à pouvoir ranger le iPod dans sa poche pendant le réglage du volume, des pistes et de la puissance par des détecteurs extérieurs.

Koyono's nieuwe jassen van € 150 tot € 230 bieden maximaal comfort voor het werk, reizen en entertainment door het gebruik van ElekTex®, een materiaaltechnologie van Eleksen Group, die in de revers is ingebouwd, zodat de iPod veilig kan worden opgeborgen in de zak terwijl u het volume, de tracks en stroom via externe materiaalsensoren kunnen worden aangepast.

ElekTex Flexible
Fold-up Keyboard

Eleksen | www.eleksen.com

Eleksen Group has created this lightweight and flexible keyboard designed for Smart phones, PDAs and other handheld computing devices.

Eleksen Group est à l'origine de ce clavier léger et flexible conçu pour les téléphones intelligents, les PDA et autres outils informatiques portables.

Eleksen Group heeft dit lichte en flexibele toetsenbord ontworpen voor Smart phones (intelligente mobieltjes), PDA's en andere handbediende computertoestellen.

Acer Ferrari
5005WLHi Notebook

Acer | www.acer.com

The only notebook in the world to sport the patented Ferrari red color. An exclusive mobile PC that makes a clear statement about the taste and sophistication of the person who uses it.

Le seul ordinateur portable au monde à porter le rouge Ferrari. Ce PC d'exception est l'expression évidente des goûts et du style de la personne qui s'en sert.

De enige notebook ter wereld die kan pronken met de gepatenteerde rode kleur van Ferrari. Een exclusieve mobiele PC die een duidelijk statement aflevert over de smaak en subtiliteit van de persoon die hem gebruikt.

Flybook Compact Laptop

Flybook | www.flybook.biz

As powerful as a heavyweight laptop PC and handy as a mobile phone, this portable device is crammed with the latest multimedia and telecommunications technology. Rotate and close the back of the screen perfectly onto its keyboard to transform it into a Tablet PC with a touch-sensitive screen which can be managed with a stylus pen.

Aussi puissant qu'un PC portable bien lourd et aussi pratique qu'un téléphone portable, cet ultra-portable bénéficie des dernières avancées technologiques multimédia et de télécommunications. Il pivote et vous pouvez encastrer parfaitement l'écran sur le clavier pour le transformer en tablette PC et utiliser votre stylet sur l'écran tactile.

Deze computer, even krachtig als een zware laptop en even handig als een gsm, is een uiterst draagbaar toestel dat volgestouwd is met de laatste multimedia en telecommunicatietechnologie. U kunt de achterkant van het scherm ook draaien en perfect tegen het toetsenbord sluiten, waardoor het een Tablet-pc met een drukgevoelig scherm wordt, waarop u een schrijfpen kunt gebruiken.

sports

and health

Sports and Health have always been linked to adventure, and those with disposable income are always looking to be individually challenged. High end sports machines have more to do now with personal expression than mere physical fitness. Whether it is super-engineered bikes and skis made from carbon fiber, robotic caddies or electronic fitness machines, these items are in hot demand by the wealthy elite who want exceptional and unique objects with state-of-the-art construction and engineering, multi-functionality and an ultra-hip design.

Le sport et le bien-être ont toujours été liés à l'aventure et ceux qui ont des revenus illimités sont sans cesse en quête d'émotions fortes. Les appareils de gym haut de gamme relèvent davantage de l'expression personnelle que de la condition physique pure et simple. Que ce soient des vélos ou des skis hautement technologiques en fibre de carbone, des caddies-robots ou des appareils de fitness électroniques, ces articles sont très courus par les gens riches qui recherchent des objets exceptionnels et uniques en leur genre, de fabrication et de conception ultramodernes, multifonctions et ultrabranchés.

Sport en gezondheid zijn altijd al aan avontuur gekoppeld geweest, en wie over een besteedbaar inkomen beschikt, is altijd op zoek naar individuele uitdagingen. Hoogwaardige sporttoestellen draaien tegenwoordig meer rond persoonlijke expressie dan pure fysieke conditie. Of het nu gaat om technisch verfijnde fietsen en ski's van carbonvezel, robotcaddies of elektronische fitnesstoestellen, er is een sterke vraag naar deze producten bij de rijke elite die op zoek is naar uitzonderlijke en unieke voorwerpen met een ultramoderne constructie en techniek, multifunctionaliteit en een superhip design.

sports and health

Transparent
Canoe-Kayak

Hammacher Schlemmer | www.hammacher.com

This kayak-canoe hybrid has a transparent polymer hull that offers paddlers an underwater vista of aquatic wildlife and waterscapes unavailable in conventional boats. Seating two people, the sturdy canoe hull is made of the same durable material found in the cockpit canopies of supersonic fighter jets and sells for about €1,200.

Avec sa coque transparente en polymère, ce canoë-kayak hybride offre aux pagayeurs une vue sous-marine de la vie et des paysages aquatiques invisibles dans une embarcation conventionnelle. Biplace, la coque robuste du canoë est fabriquée à partir du matériau utilisé pour les verrières de cockpit des chasseurs supersoniques. Il est disponible pour la somme de € 1.200.

Deze kruising tussen een kajak en een kano beschikt over een romp van transparant polymeer, waardoor de peddelaars zicht krijgen op het leven onder water en het onderwaterlandschap, wat onmogelijk is op gewone boten. De stevige romp van de kano, die plaats biedt aan twee personen, is vervaardigd van hetzelfde duurzame materiaal dat wordt gebruikt in de cockpitstoelen van supersonische gevechtsvliegtuigen en wordt verkocht voor ongeveer € 1.200.

Aquajet Jetbike

Aquajet Corporation | www.aquajet.com

The Jetbike rides, leans and handles exactly like a motorcycle on water. With front and rear steering, the Jetbike turns and handles like a grand prix superbike on rails. With 165 horsepower and weighing less than 400 pounds, the Jetbike has the best power to weight ratio of any water craft and is capable of over 60 mph.

Le Jetbike se conduit, s'incline et se manœuvre sur l'eau comme une moto. Sa direction avant et arrière vous permet de prendre les virages et de le manier comme s'il s'agissait d'un superbike GP sur rails. Avec 165 chevaux et pesant moins de 180 kg, le Jetbike a la meilleure puissance massique de tous les engins aquatiques et peut atteindre plus de 95 km/h.

De Jetbike rijdt, wringt zich in de gekste bochten en laat zich besturen zoals een motorfiets op water. Met voor- en achterstuur kunt u de Jetbike draaien en besturen zoals een grand prix superbike op rails. Met 165 pk en een gewicht van minder dan 180 kg beschikt de Jetbike over het beste vermogen per gewichtseenheid van eender welk vaartuig en haalt hij meer dan 95 km/u.

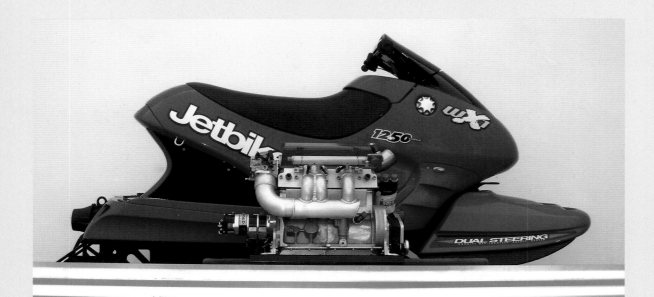

Sea-Doo Speedster

Sea-Doo | www.seadoo.com

This speed machine on water is fitted with a 600-lb ballast tank, a seven-foot tow point above the water for extreme altitude, and fierce attitude with horsepower options with up to a 430 hp power pack.

Cette motomarine est dotée d'un réservoir de ballast de 272 kg et son point de remorque se trouve à sept pieds au-dessus de l'eau pour une altitude extrême et féroce. Sa puissance peut atteindre jusqu'à 430 hp.

Deze snelheidsmachine op water is uitgerust met een ballasttank van 272 kg, een sleeppunt van 213 cm boven het water voor extreme hoogtes, en veel pit met paardenkrachtopties van maximaal 430 pk.

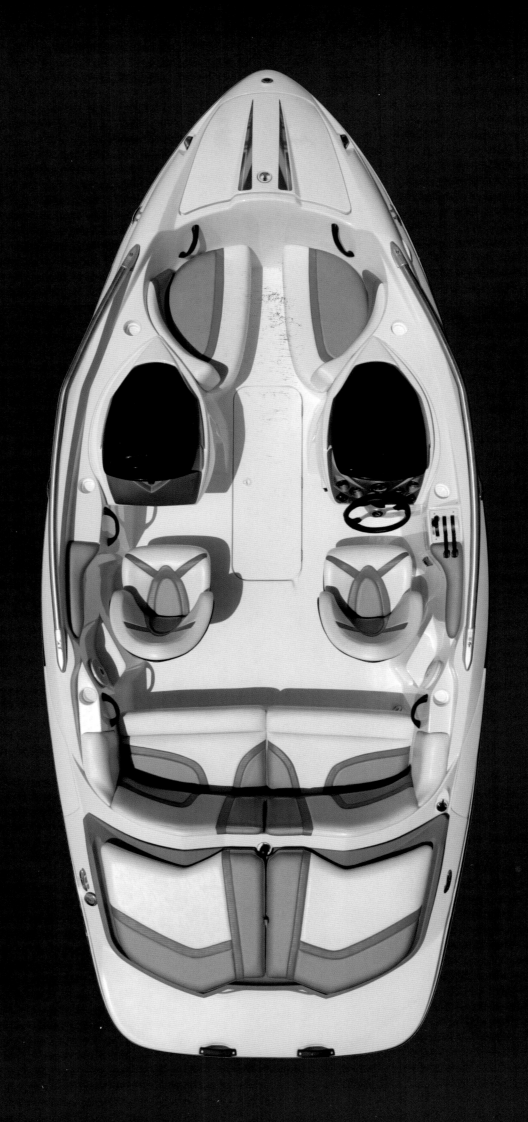

Handmade Wood Skis

Zweydingers | www.zweydingers.com

Gorgeous handcrafted wood skis from the German company Zweydingers are reinforced with fiberglass and titanal inlays with a visible wooden core of solid ash. These classic wooden skis come in five luscious wood designs: Indian palisander, teak, zebrano, Brazilian palisander, and riva wood.

Ces skis en bois splendides, faits main, créés par l'entreprise allemande Zweydingers sont renforcés à la fibre de verre et comportent des incrustations de Titanal et un noyau visible en frêne massif. Classiques, ils sont déclinés dans cinq dessins de bois précieux : palissandre indien massif, teck, zébrano, palissandre brésilien et bois Riva.

De prachtige, met de hand vervaardigde houten ski's van het Duitse bedrijf Zweydingers zijn versterkt met glasvezel en titanium inlegwerk met een zichtbare houten kern van massief essenhout. Deze klassieke houten ski's zijn verkrijgbaar in vijf magnifieke houtafwerkingen: Indisch palissander, teak, zebrano, Braziliaans palissander en rivahout.

Indigo Ski Helmet and Goggles

Indigo | www.indigosnow.com

This lightweight, shock-absorbing helmet is as functional as much as it is fashionable. For €295, this beautiful ski helmet comes either in snake skin design like Python, Cobra and Boa green, or in pure black or white.

Le côté pratique de ce casque de ski léger et anti-choc n'a d'égal que sa beauté. Pour € 295, il est disponible en design peau de serpent Python, Cobra ou Boa vert, ou en noir ou blanc épurés.

Deze lichte, schokabsorberende helm is even functioneel als stijlvol. Deze prachtige skihelm van € 295 is verkrijgbaar in slangenleer, zoals Python, Cobra en Boa groen, of in puur zwart of wit.

Indigo Ski Equipment

Indigo | www.indigosnow.com

Indigo has created the ultimate modern skis that come in three models: Carving, All Mountain and Big Mountain. The skis are made with bamboo core and come with bindings, ski locks, tool kit and poles in a custom-made bag.

Indigo a crée ces skis ultramodernes. Trois modèles sont proposés : Carving, All Mountain et Big Mountain. Ils sont en bambou et les fixations, les cadenas, la trousse à outils et les bâtons sont rangés dans un sac sur mesure.

Indigo heeft de ultieme moderne ski's ontwikkeld, die verkrijgbaar zijn in drie modellen: Carving, All Mountain en Big Mountain. De ski's zijn vervaardigd van bamboe en worden geleverd met bindingen, skisloten, gereedschapskit en stokken in een op maat gemaakte tas.

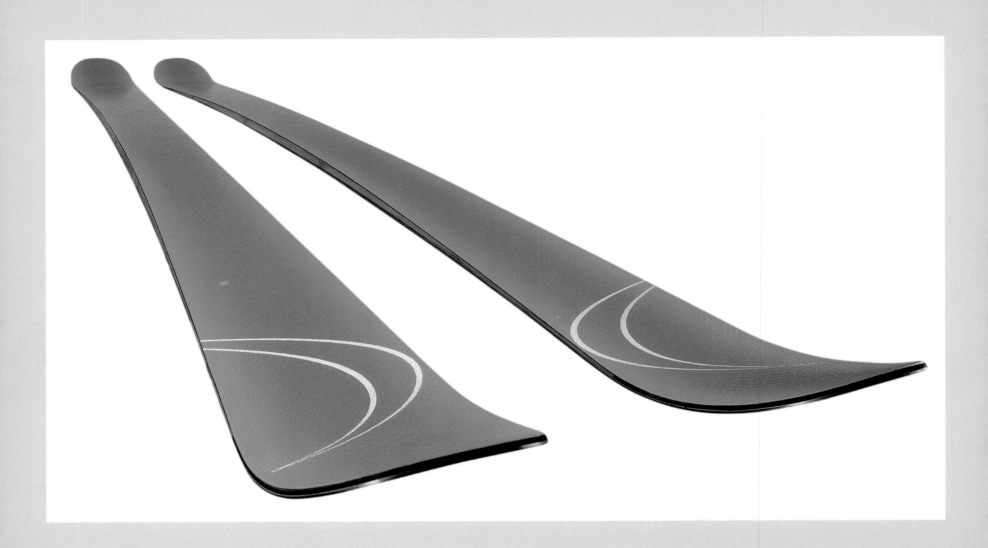

Wally Skis

Wally | www.wally.com

Using carbon fiber to create innovative skis that can impress even the most discerning professional skier, these are designed for the sport aficionado who demands ultra performance combined with an exotic modern design.

Des fibres de carbone ont été utilisées pour créer ces skis inédits, qui sauront même impressionner le skieur professionnel le plus avisé. Ils sont destinés aux amateurs de ski qui exigent des performances extrêmes et un design excentrique et branché.

Deze van carbon vervaardigde, innovatieve ski's kunnen zelfs de meest kritische professionele skiër imponeren, en zijn ontwikkeld voor de sportliefhebber die op zoek is naar topkwaliteit in combinatie met een exotisch, modern design.

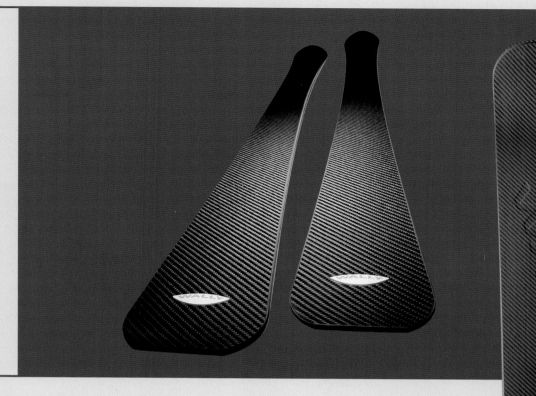

All Mountain Cruise
Alpine Ski

Fischer | www.fischer-ski.com

The design of these skis work well for basic slopes as well as for the for the professional skier that likes to be faced with extreme challenges such as deep snow slopes. With its innovative broad and large surface area, these skis allow for seamless passage across a variety of snow conditions by offering the sportsman great gliding and maneuvering properties.

Le design de ces skis est à la fois idéal pour les pentes les plus douces et pour les skieurs professionnels qui aiment relever les défis les plus extrêmes, dans de la poudreuse, par exemple. Leur grande surface bien large se fraye un chemin sur tous les types de neige et offre aux sportifs d'excellentes sensations de glisse et de maniabilité.

Het design van deze ski's is zowel geschikt voor gewone hellingen als voor de professionele skiër die graag extreme uitdagingen aangaat, zoals steile hellingen met diepe sneeuw. Dankzij hun innovatieve, brede en grote oppervlak zijn deze ski's geschikt voor allerlei sneeuwomstandigheden, ze bieden de sportman namelijk uitstekende glij- en manoeuvreereigenschappen.

Bikamper Tent

Topeak | www.topeak.com

For the serious bicycle tourists, the Bikamper is a €200 personal shelter that is designed to be used with a bicycle and its front wheel in place of conventional tent poles. The canopy is constructed of durable, waterproof coated nylon with three see-through windows for ventilation and stargazing.

Le Bikamper est l'abri idéal de tout cyclotouriste qui se respecte. D'une valeur de € 200, il est destiné à être utilisé avec un vélo puisque c'est la fourche avant de ce dernier qui sert de mât à la tente. L'auvent est en nylon imperméable résistant et comporte des fenêtres pour la ventilation et l'observation des étoiles.

Voor de serieuze fietstoeristen is de Bikamper een persoonlijke bescherming van € 200 die ontworpen is voor gebruik met een fiets en het voorwiel in plaats van conventionele tentstokken. Het dak is vervaardigd van duurzaam nylon met een waterdichte coating en drie doorkijkvensters voor ventilatie en sterrenkijken.

Snow Hawk Snowmobile

AD Boivin | www.snow-hawk.com

This €7,000 snowmobile has twice the horsepower of the average machines, and along with its minimal weight from 399 lbs to 410 lbs, allows for an impressive power to weight ratio. Its twin-axis ski largely improves its riding capabilities, staying flat on the trail for up to 20 degrees of inclination.

Cette motoneige de € 7.000 est deux fois plus puissante que les engins conventionnels. Pesant à peine 172 kg, son rapport puissance/poids est impressionnant. Son ski bi-axial améliore considérablement la conduite car la motoneige reste à plat sur la piste même sur des pentes de 20 degrés.

Deze sneeuwmobiel van € 7.000 heeft dubbel zoveel paardenkracht als doorsnee machines, en samen met zijn minimaal gewicht van ca. 172 kg resulteert dat in een indrukwekkend vermogen ten opzichte van het gewicht. Dankzij de dubbele ski wordt het rijgedrag drastisch verbeterd en blijft hij recht in het spoor tot 20 graden helling.

Snowmobiles

Ski-Doo | www.ski-doo.com

The newly redesigned Ski-Doo snowmobiles are light-weight and easy to maneuver. Available in a two-up configuration that offers a comfortable ride for driver and passenger, it runs on a remarkably quiet motor.

Les motoneiges remises au goût du jour par Ski-Doo sont légères et faciles à manœuvrer. Disponibles dans une configuration mixte qui offre au conducteur et au passager une promenade confortable, les moto-neiges sont dotées d'un moteur remarquablement silencieux.

De vernieuwde Ski-Doo sneeuwmobielen zijn licht en gemakkelijk te maneuvreren. Ze zijn verkrijg-baar in een configuratie die een comfortabele rit biedt aan de bestuurder en een passagier, en zijn uitgerust met een motor die opvallend stil is.

Ferrari Golf Set
Ferrari | www.ferraristore.com

Exotic carmaker Ferrari will always exude a rarefied status of wealth, and car-branded goods such as this golf set and balls are in high demand by its loyal fans.

Ferrari, le prodigieux constructeur automobile, sera toujours synonyme de grande richesse et les objets portant la marque, comme ces balles et cet ensemble de golf, sont très convoités par ses fans les plus fidèles.

De exotische autobouwer Ferrari zal altijd een uitzonderlijke status van rijkdom vertegenwoordigen, en automerkartikelen zoals deze golfset en -ballen zijn zeer gegeerd bij de trouwe fans.

Remote Control
Golf Ball

Hammacher Schlemmer | www.hammacher.com

More sophisticated than mundane golf stunts, this is the world's most advanced practical joke golf ball. Detailed to resemble a real golf ball, it moves at a touch of the remote control at your command, allowing you to fool golf partners as they watch putts drift wide of the cup.

Plus sophistiquée que les tours de passe-passe habituels du golf, voici la balle de golf farceuse la plus avancée du monde. Imitant à la perfection les vraies balles, elle se déplace à l'aide d'une télécommande et vous pouvez allègrement berner vos partenaires qui verront leur putts s'éloigner du trou...

Dit is 's werelds meest geavanceerde practical joke golfbal, gesofistikeerder dan gewone golfstunts. Lijkt tot in de puntjes op een echte golfbal en beweegt bij de minste beweging met de afstandsbediening, waardoor u golfpartners kunt misleiden terwijl ze hun puts ver naast de hole zien gaan.

RoboKaddy

PowaKaddy International Limited
www.powakaddy.com

For under €1,500, any golfer can have a caddy that obeys his every command by the touch of a remote control. This electronic golf trolley is the most compact, convenient, and strongest cart available, thanks to its ultra light and durable aluminum frame. Quiet motors drive the independently controlled rear wheels and the battery and motor are both perfectly aligned for optimum weight distribution creating superb balance and easy handling.

Pour moins de € 1.500, les golfeurs peuvent acquérir un caddy obéissant à tous les ordres donnés à partir d'une télécommande. Ce chariot de golf électronique est le plus compact, le plus pratique et le plus solide des chariots disponibles grâce à son cadre en aluminium ultraléger et résistant. Des moteurs silencieux conduisent les roues arrière indépendantes ; quant à la batterie et au moteur, ils sont tous deux parfaitement alignés pour une répartition optimale du poids qui confère un excellent équilibre et une maniabilité sans pareille.

Voor minder dan € 1.500 kan elke golfer over een caddie beschikken die met een druk op de afstandsbediening elk bevel opvolgt. Deze elektronische golftas is de meest compacte, handige en stevige caddie op de markt, dankzij zijn uiterst lichte en duurzame aluminium frame. De onafhankelijk gecontroleerde achterwielen worden aangedreven door stille motoren en de batterij en motor zijn perfect op elkaar afgestemd voor een optimale gewichtsverdeling, wat resulteert in een superieure balans en vlotte hantering.

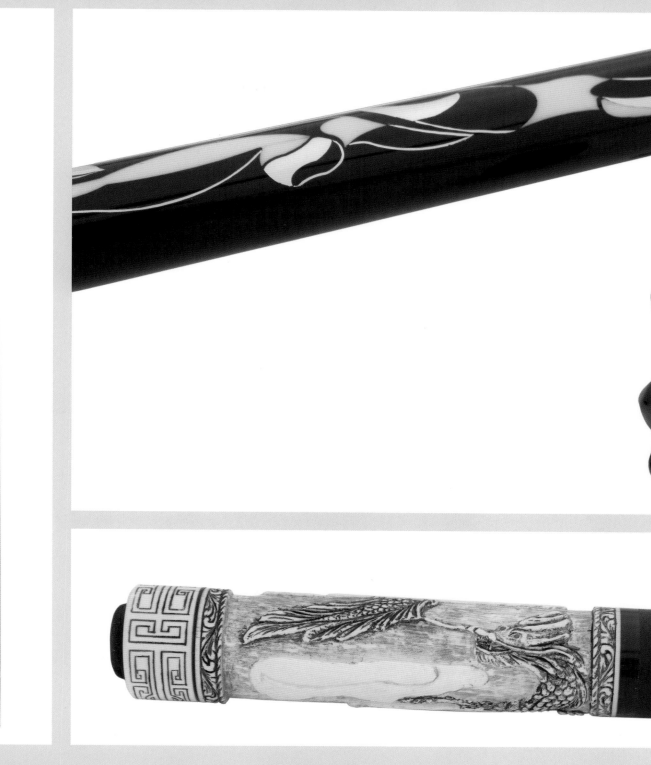

Billiard Cues

Richard Black Cues | www.blackcues.com

A true object of art and a rare gift for any billiard enthusiast, this Richard Black hand carved cue is fashioned from Elephant ivory, sterling silver and abalone inlays for €100,000. His choice of materials for his other custom made cues include exotic hardwoods, mother of pearl, precious metals and the occasional precious stone. These exotic and detailed patterns are combined with the technical virtuosity and versatility that make Black's craftsmanship unparalleled in cue design.

Véritable oeuvre d'art et cadeau exceptionnel destiné aux amateurs de billard, cette queue Richard Black gravée main est en ivoire d'éléphant et en argent fin et comporte des incrustations d'ormeau. Elle coûte € 100.000. Les matériaux utilisés pour les queues de billard personnalisées de Richard Black comprennent des bois de feuillus exotiques, de la nacre, des métaux précieux voire parfois des pierres précieuses. Les motifs extravagants et minutieux s'allient à la virtuosité technique et à la polyvalence de Black qui font de ses créations des œuvres uniques en matière de design.

Deze met de hand gesneden Richard Black keu, een echt kunstvoorwerp en een buitengewoon geschenk voor elke biljartliefhebber, is vervaardigd van olifantenivoor, zuiver zilver en inlegwerk van zeeoor. Zijn favoriete materialen voor andere op maat gemaakte keus omvatten exotische hardhoutsoorten, parelmoer, kostbare metalen en de occasionele edelsteen. Deze exotische en gedetailleerde patronen worden gecombineerd met zijn technische virtuositeit en veelzijdigheid, die Blacks vakmanschap op het vlak van keudesign ongeëvenaard maken.

Colnago CF4

Colnago | www.colnago.com
www.trialtir-usa.com

Produced exclusively for Ferrari by Colnago in a limited edition series of only 500 numbered bicycles, the CF1 was designed to be the lightest in its class, with titanium components and a monocoque carbon fiber frame that helps keep the bike's weight as low as possible at 7.8 kg.

Produit en exclusivité pour Ferrari par Colnago en édition limitée de 500 pièces numérotées, le CF1 a été conçu pour être le plus léger de sa catégorie. Il comprend des composés en titane et un cadre monocoque en fibre de carbone pour un poids minimum de 7,8 kg.

De CF1, exclusief vervaardigd voor Ferrari door Colnago in een beperkte oplage van slechts 500 genummerde fietsen, werd ontworpen om de lichtste in zijn klasse te zijn, met titanium onderdelen en een monocoque frame van carbonvezel, waardoor het gewicht van de fiets met 7,8 kg zo laag mogelijk wordt gehouden.

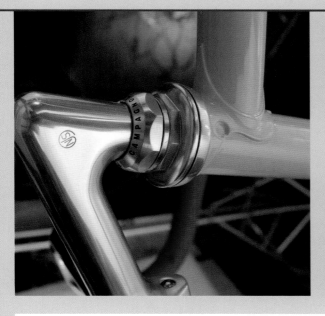

Tucker Bike

Waterford | www.waterfordbikes.com

While most bicycles get more gears every year, this masterpiece gets you back to just one with its fixed gear design. Made with the latest aerospace steels along with stainless steel rear dropouts, everything is custom, from the selection of the tubes and the individualized fit to the choice from hundreds of stock colors for virtually limitless styling possibilities. Hand crafted in Waterford, Wisconsin, this bike retails for €3,500.

Tandis que les pignons se multiplient au fil des ans sur la plupart des vélos, ce chef-d'oeuvre revient à la conception du pignon fixe. Construit à partir des aciers les plus révolutionnaires de l'aérospatiale et doté d'une patte arrière en acier inoxydable, ce vélo est entièrement personnalisable : sélection des chambres à air, approche personnalisée, centaines de couleurs disponibles pour des possibilités esthétiques quasiment infinies. Fabriqué artisanalement à Waterford, dans le Wisconsin, il coûte € 3.500.

Hoewel het aantal versnellingen op de meeste fietsen jaarlijks aangroeit, brengt dit meesterstuk u met zijn vaste versnelling terug tot slechts één exemplaar. Gemaakt met de nieuwste staalsoorten uit de ruimtevaart samen met roestvrijstalen dropouts achteraan, wordt alles op maat afgewerkt, van de banden tot de individueel aangepaste kleur gekozen uit honderden stockkleuren voor vrijwel onbeperkte stijlmogelijkheden. Deze fiets, met de hand vervaardigd in Waterford, Wisconsin, wordt verkocht voor € 3.500.

Mercedes Carbon Bicycle

Mercedes Benz | www.mercedes-benz.com

For the hardcore road bike enthusiast, this carbon fiber road bike, which weighs in at 8.3 kilograms, is equipped with Shimano Dura Ace components, aluminum rims and an elegantly shaped aluminum frame. The production of this exclusive bicycle is limited to 199 units set at €3,000.

Destiné aux amateurs purs et durs du vélo de route, ce modèle en fibre de carbone, qui pèse 8,3 kg, est équipé de composants Shimano Dura Ace, de jantes en aluminium et d'un cadre en aluminium également très élégant. La production de ce vélo exclusif est limitée à 199 unités dont le prix est fixé à € 3.000.

Voor de onverbeterlijke fietsfreak is er deze wegfiets van carbonvezel, met een gewicht van 8,3 kg en uitgerust met Shimano Dura Ace onderdelen, aluminium velgen en een elegant gevormd aluminium frame. De productie van deze exclusieve fiets is beperkt tot 199 stuks voor een prijs van € 3.000.

iXi Bicycle

IXI Bicycle Company Ltd. | www.ixibike.com

Perfect for running errands and practical as an everyday work vehicle, the iXi bike is a convenient, comfortable and extremely easy to use daily use bicycle. The bike is easy to store and transport owing to its compact size. The specially collapsible design allows the bike to fit in half the space of the average bike, with specifically designed accessories such as an extra holder for a cup or an Apple iPod.

Idéal pour faire les courses et pour se rendre au travail, le vélo iXi est un moyen de transport pratique, confortable et extrêmement facile à utiliser dans la vie de tous les jours. Simple à ranger et à transporter grâce à sa taille compacte et ses composants spécialement démontables, ce vélo occupe deux fois moins de place qu'un vélo traditionnel. Des accessoires ont été créés expressément comme un porte-gobelet ou un support pour l'iPod d'Apple.

De iXi, perfect om boodschappen te doen en handig als voertuig voor woon-werkverkeer, is een gerieflijke, comfortabele en uiterst gebruiksvriendelijke fiets voor dagelijks gebruik. Dankzij zijn compacte afmetingen en speciaal ontworpen inklapbare onderdelen is de fiets niet alleen gemakkelijk te stallen en te transporteren, maar neemt hij ook maar half zoveel plaats in als een gemiddelde fiets, met speciaal ontworpen accessoires zoals een extra houder voor een beker of een Apple iPod.

Photos: Sean Donovan

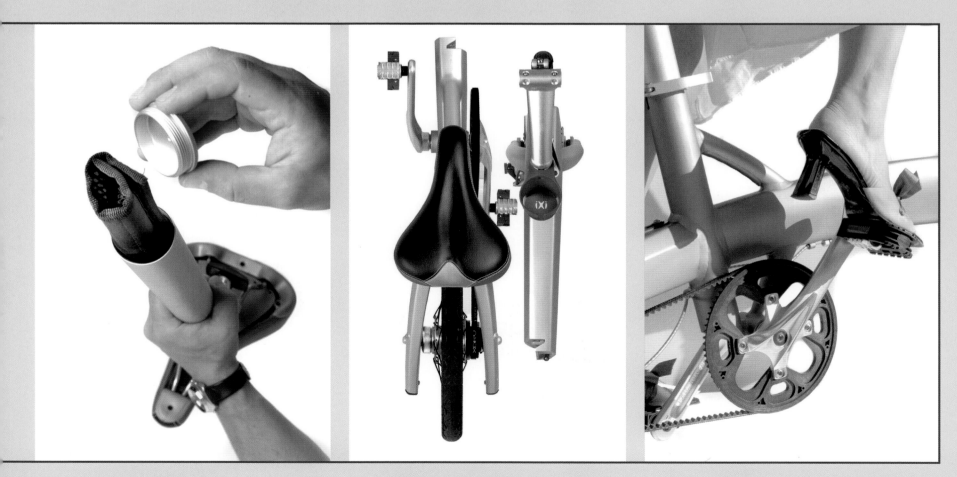

Velomobile

Hammacher Schlemmer | www.hammacher.com

The black and yellow Velocipede is the world's first human powered vehicle to have an ultra strong carbon fiber monocoque chassis. Designed by Michael Goretzky, this vehicle weighs only 60 lbs. and has two forward 20 inch wheels, with a uniquely airfoil shaped cockpit and recumbent seat on the inside for about €11,000.

Le vélocipède noir et jaune est le premier véhicule à propulsion humaine du monde doté d'un châssis monocoque en fibre de carbone ultra-résistant. Créé par Michael Goretzky, il pèse à peine plus de 27 kg, possède deux roues avant de 20 pouces, un cockpit aérodynamique exclusif et un siège allongé. Tout ceci pour € 11.000.

De zwartgele Velocipede is 's werelds eerste door de mens aangedreven voertuig met een ultrasterk monocoque frame van carbonvezel. Dit door Michael Goretzky ontworpen voertuig weegt slechts 27 kg en heeft twee voorwielen van 20 inch, een unieke aërodynamisch gevormde cockpit en ligstoel binnenin voor ongeveer € 11.000.

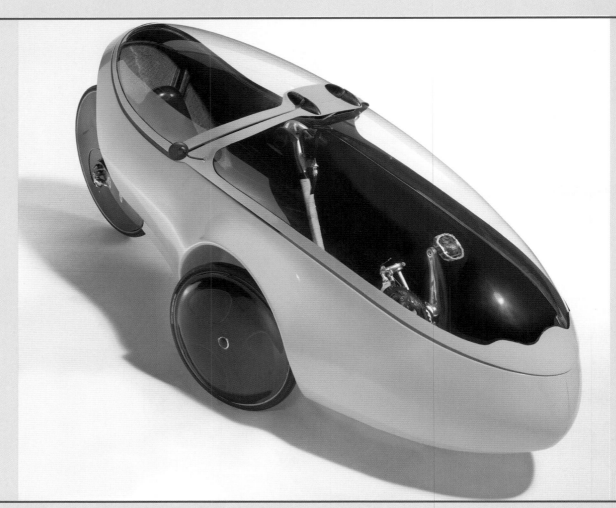

ROM 4 Minute Crosstrainer

ROMfab | www.fastexercise.com

The €11,500 sculptured steel and chrome ROM machine offers a complete upper and lower body exercise in just four minutes, working major muscle groups through their maximum range of motion, utilizing the science of high intensity interval training.

L'appareil de sport ROM, d'une valeur de € 11.500, ciselé en acier et en chrome permet de réaliser un entraînement complet du haut et du bas du corps en tout juste quatre minutes. Il fait travailler les groupes de muscles principaux grâce à sa gamme de mouvements étendue et se base sur la science du « High-intensity interval training » ou entraînement par intervalles d'intensité très élevée.

Voor € 11.500 biedt het ROM-toestel van bewerkt staal en chroom een volledige training van het boven- en onderlichaam in slechts vier minuten. Het oefent de belangrijkste spiergroepen dankzij het maximale bewegingsbereik, puttend uit de wetenschap van intervaltrainingen met hoge intensiteit.

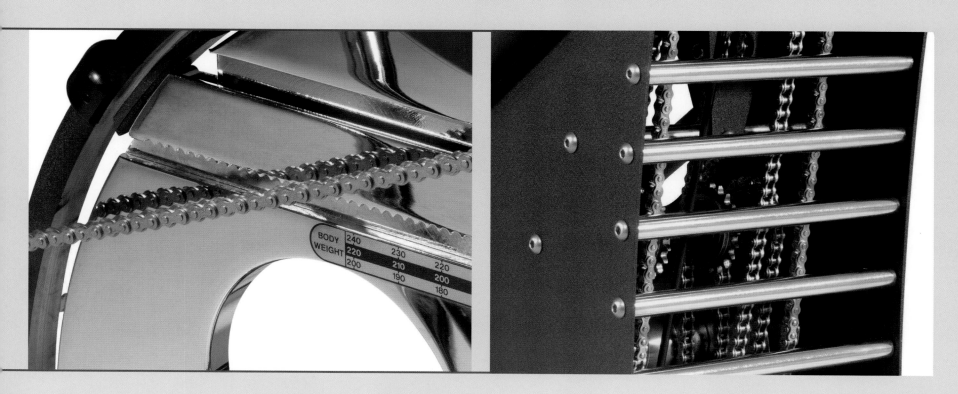

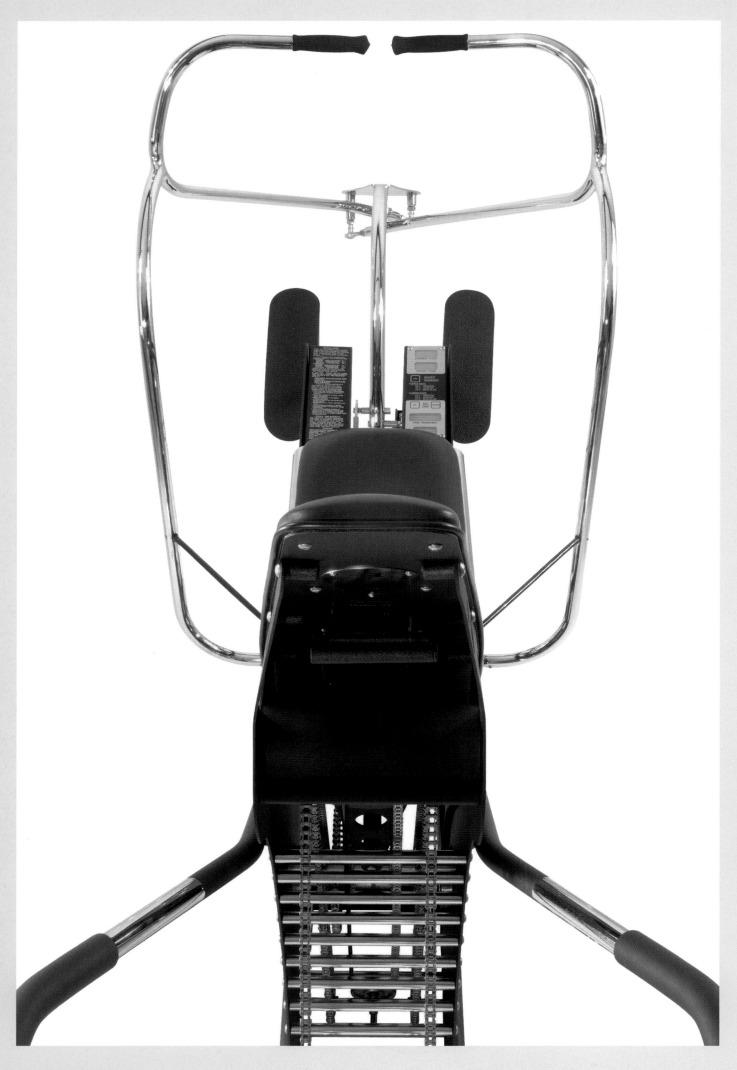

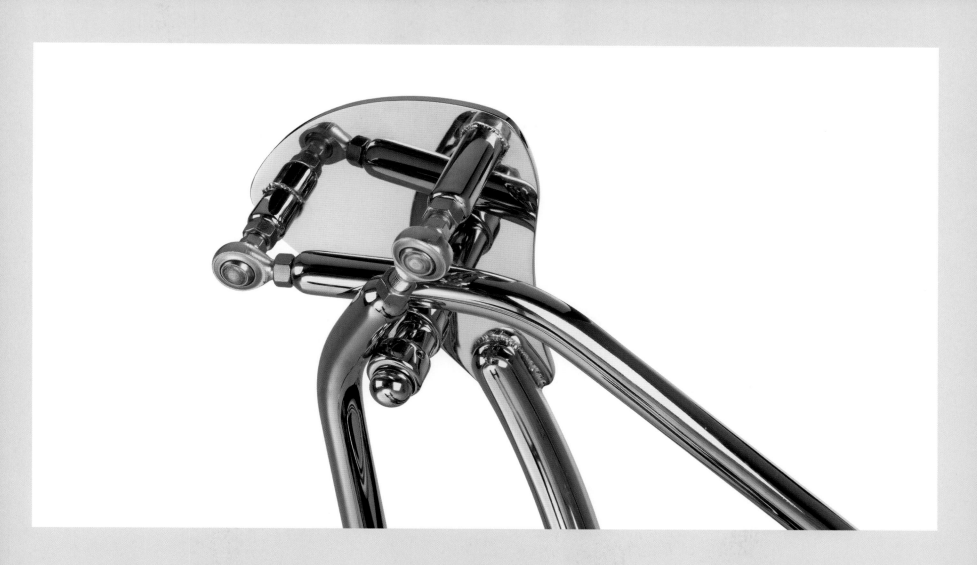

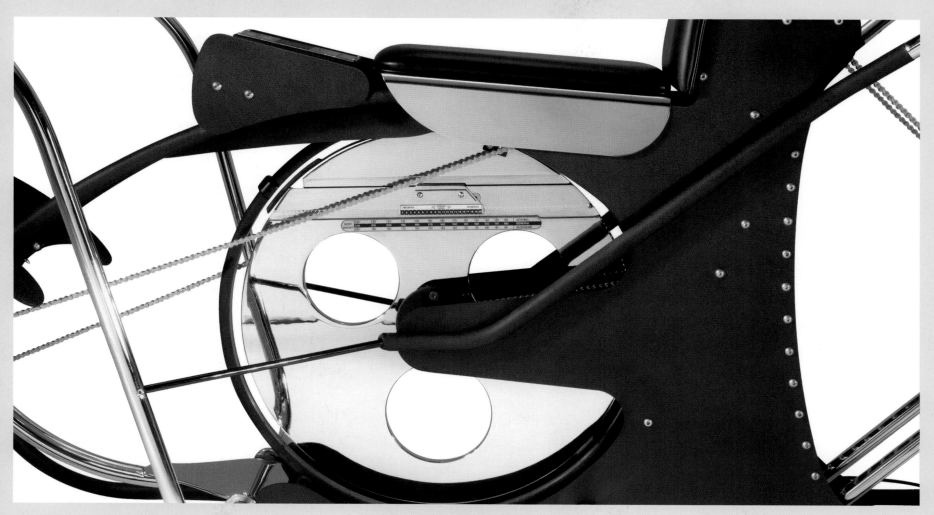

S2 Cardio Fitness Machine

Expresso Fitness | www.expressofitness.com

The S2 is a commercial grade, fully integrated, virtual reality-enhanced cardio fitness system that utilizes the latest entertainment-based software. For under €4,000, this cardio machine will inspire anyone to get back on the bicycle, thanks to unique mapping data and imagery.

Le S2 est un appareil de fitness et de cardio-training de qualité commerciale, parfaitement intégré, qui recrée une réalité virtuelle en se servant de logiciels de loisirs ultramodernes. Pour moins de € 4.000, cet appareil de remise en forme avec indexage de données et imagerie donnera envie à n'importe qui de monter sur la selle.

De S2 is een commercieel, volledig geïntegreerd, met virtuele realiteit uitgebreid cardiofitnesssysteem dat gebruik maakt van de recentste entertainment software. Voor minder dan € 4.000 zal deze cardiomachine iedereen inspireren om terug op de fiets te kruipen dankzij de unieke functie- en beeldgegevens.

Football

Paul Smith | www.paulsmith.co.uk

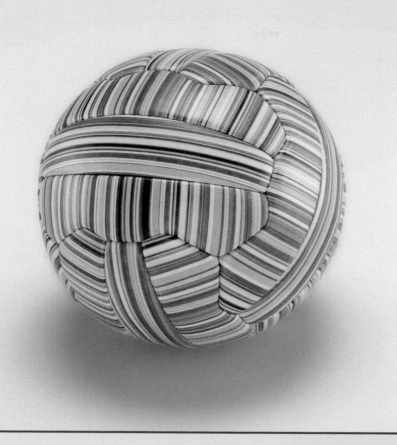

This colorful football is made from leather that is printed with the recognizable multi-stripe and floral Paul Smith patterns using a special technique. It costs €250.

Ce ballon de football multicolore en cuir est imprimé à l'aide d'une technique spéciale. On reconnaît le motif floral et rayé signé Paul Smith. Sa valeur est de € 250.

Deze kleurrijke voetbal is vervaardigd van leder dat met behulp van een speciale techniek is bedrukt met de herkenbare meervoudig gestreepte en bloemrijke patronen van Paul Smith. Hij kost € 250.

home
and living

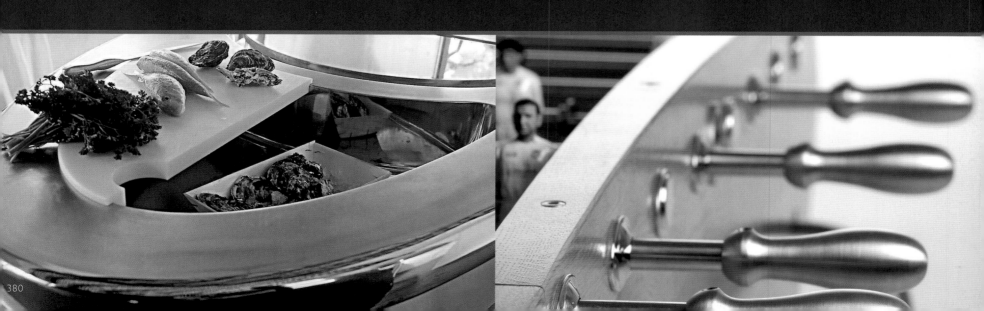

The newest trend in personal lifestyle and interior decoration is that today's high-end consumers are more into design and aesthetics than simply ingenious function. And the items showcased in the following pages qualify for both; they are exquisitely designed and perfectly functional. The designers here rethink and revamp design with their fearless creations—daring to take the genre one step beyond—where interiors are transformed into livable spaces and products into sculptural art.

La toute nouvelle tendance dans le domaine des styles de vie et de la décoration d'intérieur révèle que les consommateurs haut de gamme d'aujourd'hui recherchent davantage design et esthétique que pure ingéniosité. Les articles présentés dans les pages à suivre répondent cependant aux deux critères : ils sont superbement élaborés et parfaitement fonctionnels. Avec leurs œuvres audacieuses, les créateurs repensent et exaltent les designs, osent faire un pas de plus dans le genre et transforment les intérieurs en espaces de vie et les objets en art sculptural.

De nieuwste trend op het vlak van persoonlijke levensstijl en interieurontwerp is dat de zeer veeleisende consumenten vooral vallen voor design en esthetiek in plaats van gewoon vernuftige functies. De artikelen op de volgende pagina's komen voor beide in aanmerking. Ze zijn voortreffelijk ontworpen en perfect functioneel. Hier herbekijken en vernieuwen de ontwerpers het design met hun onvervaarde creaties die revolutionair zijn in hun soort en waarin interieurs worden omgetoverd tot leefbare ruimtes en producten tot plastische kunst.

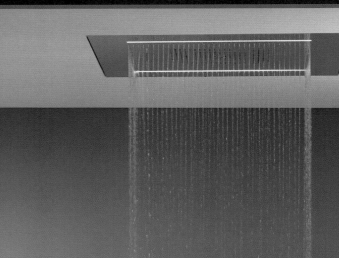

home and living

Aeron Chair

Herman Miller | www.hermanmiller.com

This €1,500 Aeron chair is a classical office chair with an ultra-hip design, a polished aluminum frame, carbon pellicle seat and back, and black leather arm pads.

Ce siège Aeron d'une valeur de € 1.500 est une chaise de bureau classique très branchée, dotée d'un cadre en aluminium poli, d'une assise et d'un dossier recouvert d'une pellicule de carbone, et d'accoudoirs en cuir noir.

Deze Aeron-stoel van € 1.500 is een klassieke kantoorstoel met een uiterst hip design en een frame van gepolijst aluminium, zitting en rug van carbonmembraan, en zwartlederen armkussens.

Ercolina Chaise Longue

Paolo Grasselli | www.paolograsselli.com
B.R.F. srl. | www.brfcolors.com

This is a piece of art that doubles as a space saving comfortable chair for about €1,000, designed by Paolo Grasseilli for B.R.F. This steel chair is covered in polyurethane upholstery and comes in a leather removable cover in bold colors such as red, orange, lime green, and black.

Cette œuvre d'art qui fait également office de siège confortable et peu encombrant est signée Paolo Grasselli pour B.R.F. En acier, elle est recouverte de tissu en polyuréthane et habillée d'une housse en cuir amovible aux couleurs fougueuses : rouge, orange, vert citron et noir. Elle coûte € 1.000.

Dit is een kunstwerk dat dienst doet als plaatsbesparende, comfortabele stoel voor ongeveer € 1.000, ontworpen door Paolo Grasseilli voor B.R.F. De stalen stoel is gestoffeerd met polyurethaan en wordt geleverd in een verwijderbare lederhoes in levendige kleuren, zoals rood, oranje, limoengroen en zwart.

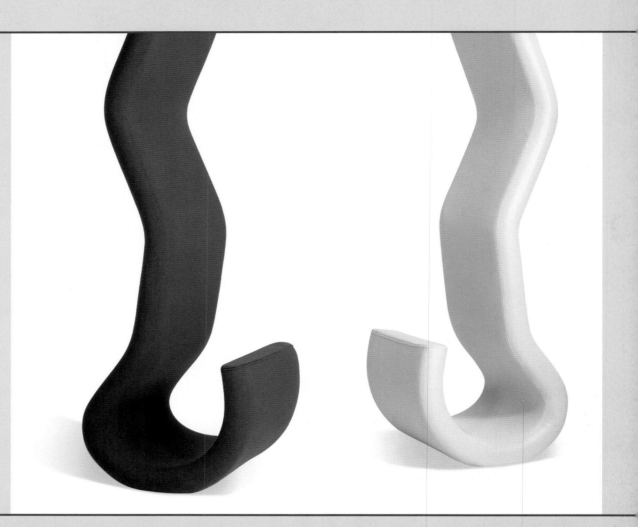

RainSky M

Dornbracht | www.dornbracht.com

The philosophy of the Dornbracht product line turns the spirit of water into a fluid art form of pure pleasure; this ceiling mounted sculpture is a waterfall setting for a symphony of water drops that is designed to bring the clouds of the sky into your home.

La philosophie de la gamme de produits Dornbracht convertit l'esprit de l'eau en une forme d'art de pur plaisir; cette douche montée au plafond est une sculpture décorative qui offre une symphonie de gouttes et transporte les nuages du ciel dans votre maison.

De filosofie van het Dornbracht-productgamma tovert de geest van water om tot een kunstvorm van puur plezier. Deze op het plafond gemonteerde douchekop is een watervalomgeving voor een symfonie van waterdruppels, ontworpen om de wolken uit de lucht tot in uw woning te brengen.

Letter Cabinet

Erich Keller AG | www.set26.ch

These letters of the alphabet are extravagant interior design accessories with functional use as a perfect storage solution disguised as installation art. Each cabinet is handmade in Switzerland and finished in high quality lacquer in a range of fabulous colors for approximately €1,500 each.

Ces lettres de l'alphabet sont des accessoires d'intérieur extravagants; des solutions de rangement déguisées en installations artistiques. Chaque armoire est fabriquée artisanalement en Suisse, avec une finition laquée de haute qualité disponible dans une gamme de couleurs absolument fabuleuses, pour environ € 1.500 pièce.

Deze letters van het alfabet zijn extravagante interieuraccessoires met een functioneel nut als perfecte opslagplaats onder het mom van installatiekunst. Elke kast is met de hand vervaardigd in Zwitserland en afgewerkt met hoogwaardige lak in een reeks fantastische kleuren voor ongeveer € 1.500 per stuk.

Photos: Reinhard Fasching (SFH Bildkommunikation)

Circle Sofa
by Ben van Berkel

Walter Knoll | www.walterknoll.de

This 15-foot sofa is made of several parts, which can be configured in different ways: either the eponymous circle, a semicircle, or an "S" shape. From €10,200 on (depending on covering and number of elements), this sofa is the new artistic rendition of the conversational pit and a definite conversational piece for any home.

Ce canapé de 4,5 mètres de long est constitué de quatre pièces configurables au gré des envies en forme de cercle, comme l'indique son nom, de demi-cercle ou de « S ». Pour environ € 10.200, cette nouvelle interprétation artistique de la fosse de conversation est résolument un lieu d'échange pour tous les foyers.

Deze sofa van 457cm bestaat uit vier delen die op verschillende manieren kunnen worden geconfigureerd: in de cirkel uit de naam, een halve cirkel of een S-vorm. Voor ongeveer € 10.200 is deze sofa de nieuwe artistieke vertaling van de conversatiehoek en een pertinent gespreksonderwerp voor elke woning.

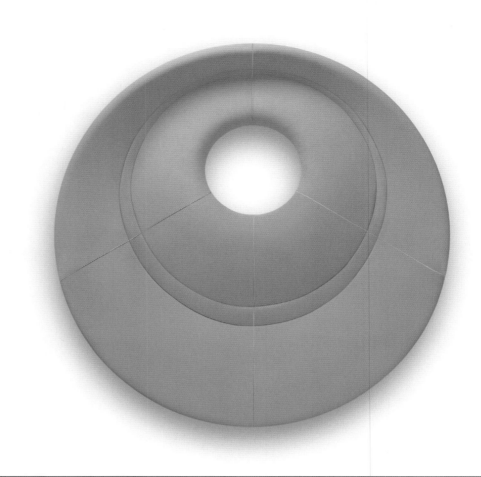

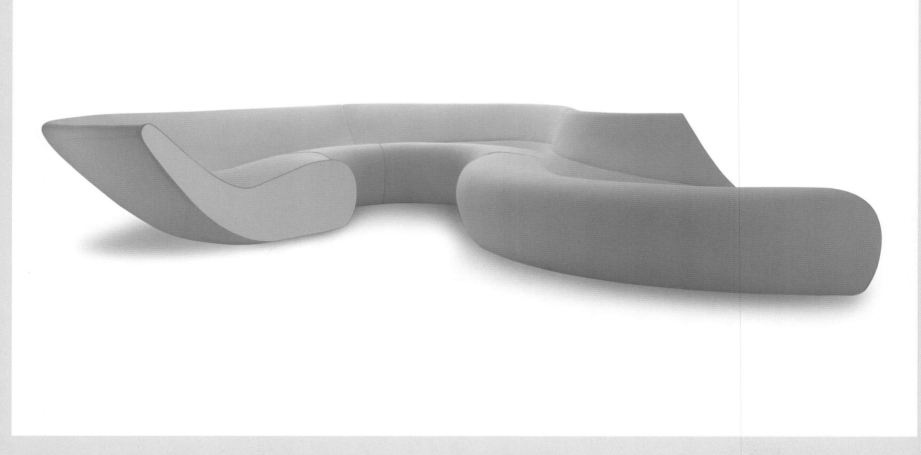

Leaf Garden Furniture

DEDON | www.dedon.de

A collection of outdoor furniture that is inspired by nature; a charming form of elegantly curved leaves serves as an innovative design for outdoor lounges. It comes in sea grass and java color weave.

Une collection de mobilier d'extérieur inspirée par la nature. Jolie forme de feuilles élégamment cambrées qui sert de design inédit pour des chaises longues tressées, déclinées en deux couleurs : Seagrass et Java.

Een collectie buitenmeubelen die geïnspireerd is door de natuur. Een innemende vorm van elegant gewelfde bladeren dient als innovatief design voor openluchtlounges, geleverd in zeegras en java kleurenpatroon.

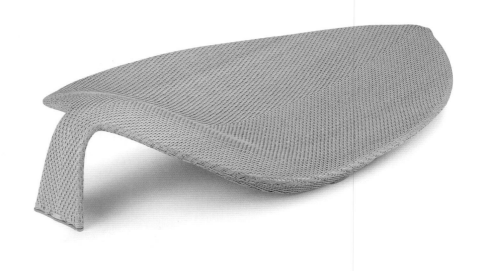

Shaker Furnace
by Antonio Citterio

Skantherm | www.skantherm.de

The Shaker takes the simple and fundamental concept of the furnace and presents itself as a modern high-tech interpretation of the household fireplace. Its design uses a state-of-the-art air supply system that is largely soot free with an ultra minimalist look that literally puts the fire itself on center stage.

Le Shaker reprend le concept élémentaire et fondamental du fourneau et en fait une interprétation moderne et high-tech de la cheminée. Le design utilise un système d'admission d'air de pointe qui limite considérablement la suie. Le look minimaliste de cet objet place le feu sur le devant de la scène.

De Shaker gaat uit van het eenvoudige en fundamentele concept van de oven en presenteert zichzelf als een moderne hightech interpretatie van de woninghaard. In het ontwerp wordt een ultramodern luchttoevoersysteem gebruikt dat grotendeels roetvrij is, met een strikt minimalistische look die het vuur zelf letterlijk in het middelpunt van de belangstelling plaatst.

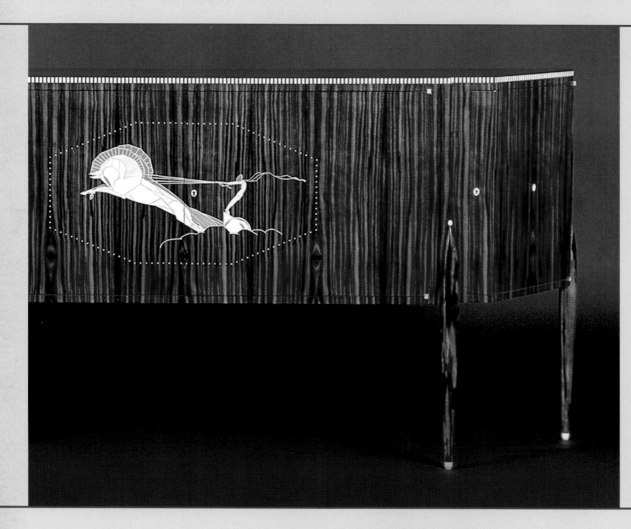

Ruhlmann Sideboard
Pollaro Custom Furniture | www.pollaro.com

Custom furniture maker Frank Pollaro uses details and designs from the Art Deco period to replicate incredible pieces of cabinetry using rare woods and painstakingly detailed inlays.

Le fabricant de meubles personnalisés Frank Pollaro s'inspire de détails et de designs de la période Art Déco pour créer d'incroyables rangements à partir de bois rares en y ajoutant des incrustations extrêmement minutieuses.

Maatmeubelmaker Frank Pollaro gebruikt details en designs van de Art Deco-periode om de meest uitgelezen kasten te maken met behulp van zeldzame houtsoorten en met zorgvuldig gedetailleerd inlegwerk.

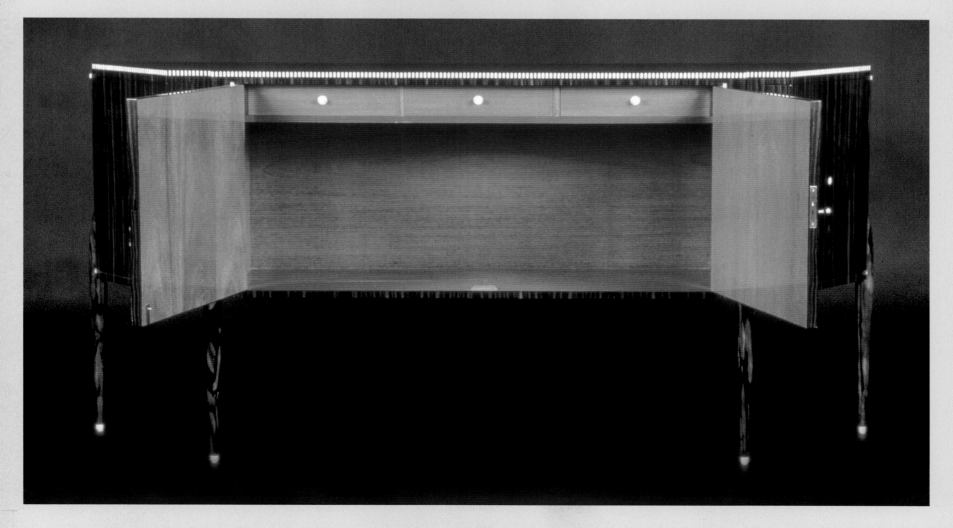

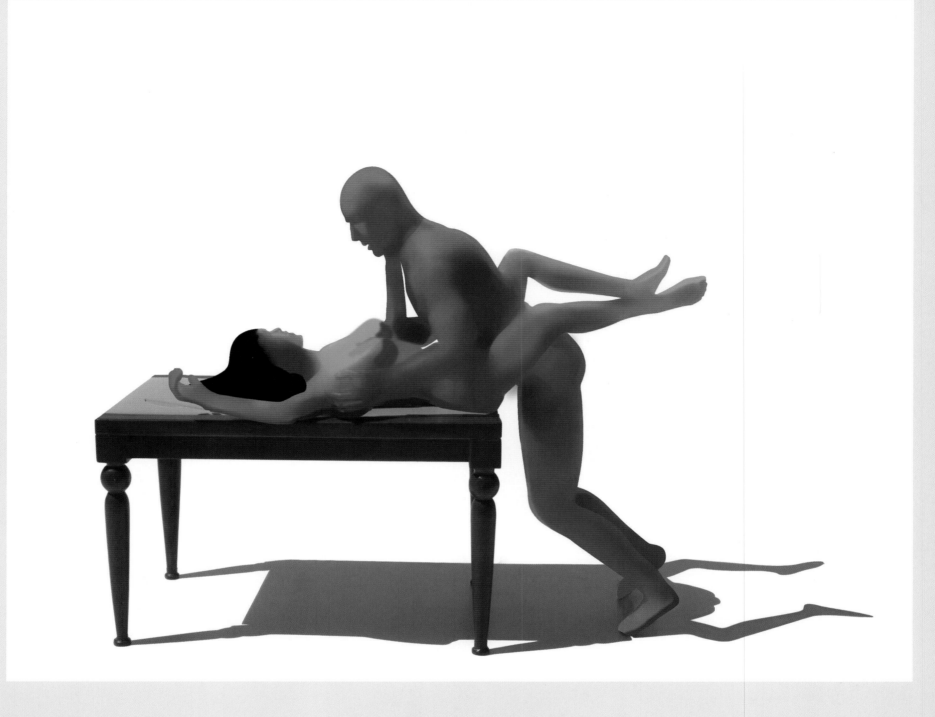

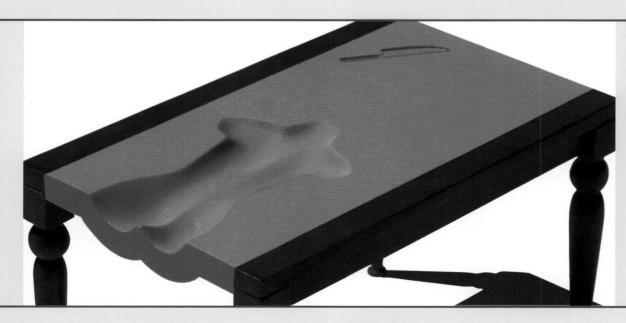

El Cartero

Bala Studio | www.balastudio.com

An erotic wood table that leaves an imprint for the imagination.

Une table en bois érotique qui laisse une empreinte pour l'imagination.

Een erotische houten tafel die een stempel voor de verbeelding achterlaat.

Fellatio

Bala Studio | www.balastudio.com

An erotic modern chair made from fiber glass designed exclusively for fellatio.

Un siège moderne et érotique en fibre de verre, conçu exclusivement pour la fellation.

Een erotische moderne stoel vervaardigd van fiberglas, exclusief ontworpen voor fellatio.

El Montao

Bala Studio | www.balastudio.com

This erotic chair mimics the bull's horns for that perfect balance and exudes raw masculinity.

Cette chaise érotique imite les cornes d'un taureau pour un équilibre parfait et une masculinité brute.

Deze erotische stoel simuleert de hoorns van de stier voor die perfecte balans en straalt rauwe mannelijkheid uit.

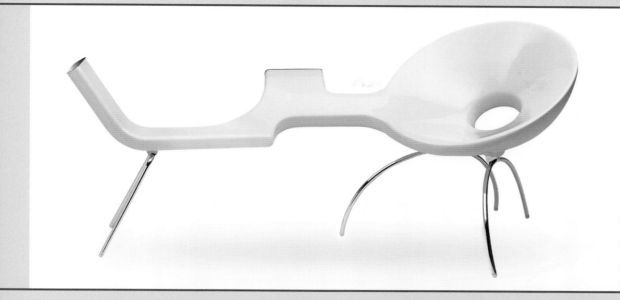

El y Ella

Bala Studio | www.balastudio.com

The language of the male and female body in court-ship is expressed and redefined within the structure of the classic love seat chair.

Le langage du corps de l'homme et de la femme pendant la cour est exprimé et redéfini sur le thème de la causeuse classique.

De taal van het mannelijke en vrouwelijke lichaam tijdens het vrijen wordt uitgedrukt en verfijnd bin-nen de structuur van de klassieke liefdesstoel.

Virtual GT Personal Racing Simulator

Virtual E-Corporation | www.virtual-e-usa.com

This high-speed racing simulator lets you model any car on any race track for a completely unique automotive experience using the most advanced sound, physics and graphics from the most comprehensive and extensive research available from the actual racing experience.

Ce simulateur de course à grande vitesse vous offre la possibilité de personnaliser n'importe quelle voiture sur le circuit de votre choix. Montez à bord pour une expérience automobile absolument unique avec le son, la mécanique et le graphisme les plus sophistiqués, dérivant de la recherche la plus complète et la plus étendue dans le domaine de la course réelle.

Met deze razendsnelle racesimulator kunt u eender welke wagen op eender welke racebaan modelleren voor een compleet unieke auto-ervaring met behulp van de meest geavanceerde geluidskenmerken, fysica en grafische elementen uit het meest omvattende en uitgebreide onderzoek naar echte race-ervaringen.

Opus Football Table

The Eleven Forty Company | www.elevenforty.com

Each unique Opus football table features players individually sculpted to look like your real-life football heroes or even your friends. Complete with a stunning cabinet that comes in your choice of woods, including oak, mahogany or beech, and colorful "under-soil" lighting, this table is a design classic that takes 400 man hours to build, justifying its €37,000 price tag.

Les joueurs des tables de baby-foot Opus sont sculptés un à un pour ressembler à vos stars préférées ou même à vos amis. La structure splendide est en bois, chêne, acajou ou hêtre au choix, et le plateau de jeu s'illumine de différentes couleurs. Il faut 400 heures de travail pour construire cette table au design classique, ce qui explique son prix, € 37.000.

Elke unieke Opus-voetbaltafel heeft spelers die individueel gemodelleerd zijn om er uit te zien zoals uw favoriete voetbalhelden of zelfs uw vrienden. Deze tafel, compleet met een verbluffend mooie kast in een houtsoort naar keuze, waaronder eik, mahonie of beuk, en kleurrijke "ondergrondse" verlichting, is een designklassieker die 400 manuren werk vergt, wat het prijskaartje van € 37.000 rechtvaardigt.

Personal Video Arcade

W Alpha | www.dreamauthentics.com

This universal game platform can play virtually any game ever created using authentic arcade joysticks, trackballs, spinners, arcade monitors, and flight sticks; created for the hard-core video game fanatic, these custom made personal arcade cabinets can cost from €3,000 up to €5,000 and use the most up-to-date software applications from commercial consoles.

Cette plate-forme de jeu universelle permet de jouer virtuellement à tous les jeux existants, à l'aide de véritables manettes d'arcade, boules de commande, boutons fléchés, moniteurs d'arcade et contrôleurs de vol. Destinées aux fanatiques purs et durs des jeux électroniques, ces bornes d'arcade personnalisées se servent d'applications logicielles dernier cri provenant des consoles du marché et peuvent coûter entre € 3.000 et € 5.000.

Dit universele spelplatform kan vrijwel elk spel spelen dat ooit gemaakt is, met behulp van authentieke arcade joysticks, trackballs, spinners, arcade monitors en vliegsticks. Deze op maat gemaakte persoonlijke arcadekasten, ontwikkeld voor de meest fanatieke liefhebbers van videospelletjes, kunnen vanaf € 3.000 tot € 5.000 kosten en maken gebruik van de meest recente softwaretoepassingen van commerciële spelconsoles.

Handmade Leather Monopoly Game

Geoffrey Parker | www.geoffreyparker.com

For serious Monopoly players, this Dauphin calf leather bound game board is embossed in gold or silver with playing pieces made from pewter, and with leather dice cups and bank boxes. This set costs €5,000, or you can also customize Monopoly and a wealth of other board games to your specific whims.

Destiné aux joueurs de Monopoly assidus, ce plateau de jeu en cuir de veau Dauphin relié est imprimé en or ou en argent. Les pièces sont en étain et les gobelets à dés et les compartiments à billets en cuir. Cet ensemble coûte € 5.000 mais vous pouvez personnaliser votre propre Monopoly et bien d'autres jeux selon votre bon plaisir.

Dit Dauphin spelbord voor de serieuze Monopoly-speler, gebonden in kalfsleer, is versierd in goud of zilver en heeft tinnen speelstukken, lederen dobbelbekers en biljettenhouders. Deze set kost € 5.000, of u kunt Monopoly en een hele waaier andere bordspelen aanpassen aan uw specifieke voorkeuren.

Photos: RCH Designs

Five Axis Speedster Entertainment Center

Scion | www.scion.com

Five Axis | www.5axismodels.net

The Scion concept car will be every gamer's dream car; it is loaded with great gaming features including see-through body sides and a trio of XBOX 360s with an under hood screen and rear mount projector.

La voiture-concept Scion est la voiture de rêve de tous les joueurs. Elle a un look très ludique avec ses côtés ouverts et intègre trois XBOX 360, un écran de projection logé sous le capot et un vidéoprojecteur à l'arrière.

De Scion conceptwagen wordt de droomauto van elke gamer. Hij is volgestouwd met schitterende spelfuncties waaronder transparante zijkanten en drie XBOX 360 met een scherm en projector onder de motorkap en achteraan gemonteerde projector.

Double Decker Bus Apartment

Double Decker Living | www.doubledeckerliving.com

This mobile five bedroom bus is an innovative concept to deliver an alternative living space in an iconic London double-decker bus. Each bus has been designed as a state-of-the-art short term traveling home that offers a communal lounge area, full service kitchen, shower, WC and separate vanity area with dressing table.

Ce bus mobile et ses cinq chambres représentent un lieu de vie inédit, dans un autobus à impériale londonien. Chaque modèle a été conçu comme une maison mobile ultramoderne où séjourner pendant de courtes périodes. Le salon est spacieux, la cuisine entièrement équipée et l'on trouve aussi un cabinet de toilette séparé, avec une coiffeuse.

Deze mobiele bus met vijf slaapkamers is een innovatief concept om een alternatieve leefruimte te bieden in een iconische dubbeldekker uit Londen. Elke bus is ontworpen als een ultramodern verblijf voor korte reizen met een gemeenschappelijke loungeruimte, keuken met alles erop en eraan, en gescheiden toiletzone met toilettafel.

Modular Tree House Concept

Sybarite | www.sybarite-uk.com

The pairing of modular design and the concept of tree houses created this flexible, easy-to-build tree-top dwelling that is constructed from the interior out through branches to give it that modern, extra-terrestrial perspective. Using recycled components and utilizing wind power to generate electricity, this ultimate tree house can be erected on site in two weeks and is available for roughly €1,500,000.

La fusion entre le design modulaire et une cabane dans un arbre a donné naissance à cette habitation flexible, facile à construire, juchée à la cime d'un arbre. Elle se construit de l'intérieur vers l'extérieur à travers les branches, ce qui lui confère un côté moderne, presque extraterrestre. Des composants recyclables sont utilisés et l'électricité est générée grâce à des éoliennes. Deux semaines suffisent pour achever de monter sur place cette cabane ultramoderne, d'une valeur d'environ € 1.500.000.

De combinatie van modulair ontwerp en het concept van boomhutten heeft geleid tot het ontwerp van deze flexibele, eenvoudig te bouwen boom-tophut, die van binnenuit op de takken gemaakt is om ze dat moderne, buitenaardse perspectief te geven. Deze ultieme boomhut, die gebruik maakt van gerecycleerde componenten en windkracht om stroom op te wekken, kan in twee weken tijd ter plaatse worden opgericht en is verkrijgbaar voor ongeveer € 1.500.000.

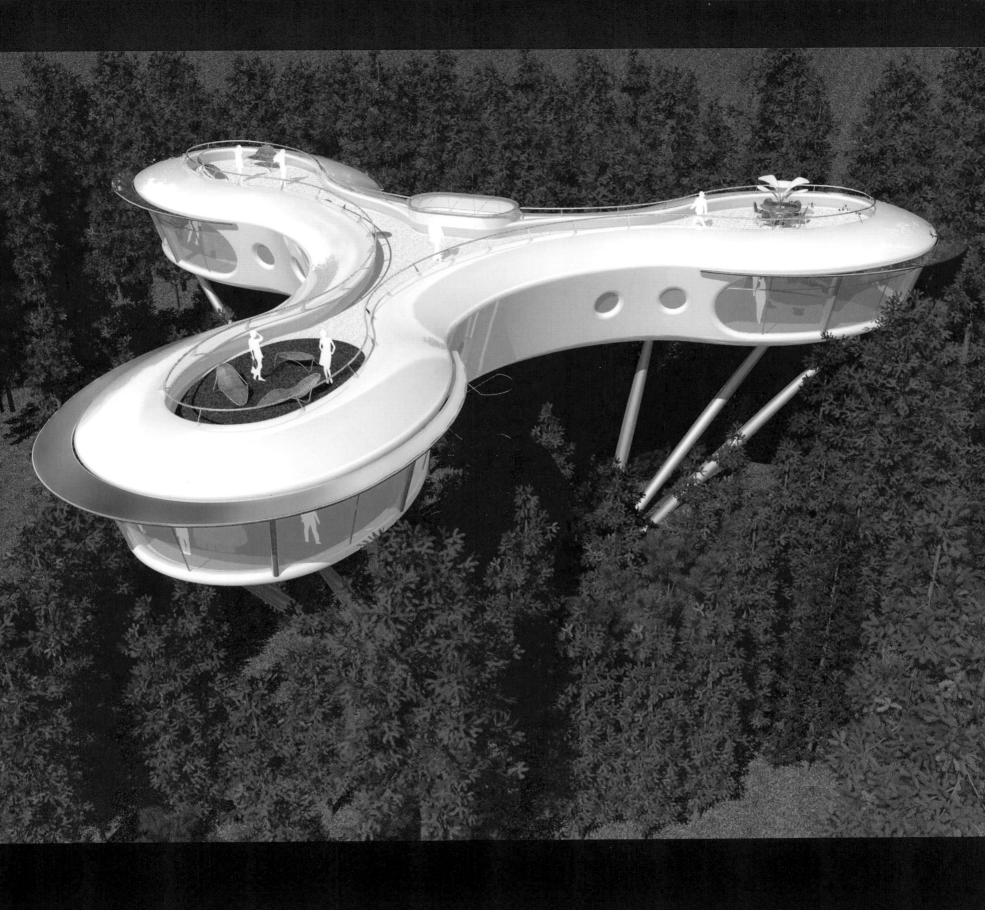

Mahare Island

Vladi Private Islands | www.vladi-private-islands.de

The concept of the private island is the ultimate retreat for today's high-profile vacationer, and is incomparable to anything else on the real estate market today. A private island is the only reliable means of escaping the crowds, and because of their rarity, islands are the most attractive type of real estate, ranging for less than €50,000 to prices exceeding more than 25 million euros or more for larger islands.

Le concept de l'île privée est la retraite suprême pour le vacancier VIP et n'a pas d'équivalent sur le marché de l'immobilier actuel. L'île privée est la solution imparable pour fuir les foules et, de par leur rareté, les îles sont les propriétés les plus convoitées. Leur prix peut varier de moins de € 50.000 à plus de vingt-cinq millions, voire plus pour les plus grandes.

Het concept van het privé-eiland is het ultieme toe-vluchtsoord voor de veeleisende vakantiegangers van vandaag, en is in niets te vergelijken met de rest van het aanbod op de huidige vastgoedmarkt. Een privé-eiland is het enige betrouwbare middel om aan de massa te ontsnappen, en omwille van hun zeldzaamheid zijn eilanden het meest aantrek-kelijke type vastgoed, met prijzen van minder dan € 50.000 tot meer dan vijfentwintig miljoen euro voor grote eilanden.

Antique Safes

Doettling | www.doettling-safes.com

Each mechanical masterpiece is handcrafted and restored using traditional craftsmanship techniques by master locksmiths that convert these antique safes into mini-bars, wine cabinets, humidors, showcases, and watch collector safes with illuminated interiors. These secret treasure cases have 24 carat gold leaf applications on ornate metal fittings, making each cabinet into a truly valuable keepsake.

Chacun de ces chefs-d'œuvre mécaniques est fait main et restauré grâce à des techniques artisanales traditionnelles par des maîtres serruriers. Ils transforment ces coffres-forts anciens en minibars, armoires à vin, caves à cigares ou en vitrines aux intérieurs illuminés. Ces coffres à trésor secrets sont habillés d'ornements métalliques recouverts de feuilles d'or 24 carats qui font de chaque pièce une relique d'une valeur inestimable.

Elk mechanisch meesterwerk is met de hand vervaardigd en gerestaureerd met behulp van traditioneel vakmanschap door eersteklas slotenmakers die deze antieke safes omtoveren tot minibars, wijnkasten, humidors en uitstalkasten met verlicht interieur. Deze geheime schatkisten hebben metalen sierstukken die belegd zijn met bladeren van 24-karaats goud, wat van elke kast een echt waardevol aandenken maakt.

Photos: Ferdinando Iannone

...your individual designed advertising space,...

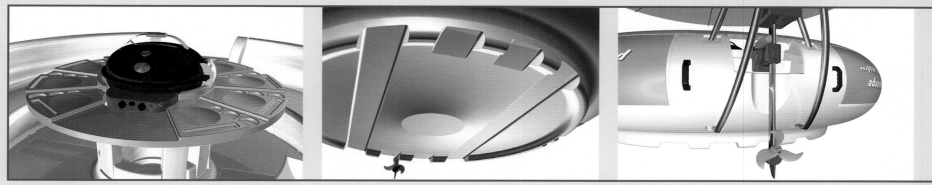

bbq-donut®

art_think | www.bbq-donut.com

The ultimate grilling experience for €13,000. This 10-seat boat is the new leisure concept for a completely new barbeque experience on the water; the perfect man-made leisure island for grilling aficionados.

L'expérience suprême de la grillade pour € 13.000. Ce bateau à 10 places est le nouveau concept de loisirs : un barbecue flottant complètement innovant. L'île artificielle parfaite pour les amateurs de grillades.

De ultieme grillervaring voor € 13.000. Deze boot met plaats voor 10 personen is het nieuwe vrijetijdsconcept voor een compleet nieuwe barbecue-ervaring op het water, het perfecte kunstmatige vrijetijdseiland om de liefhebbers eens op de rooster te leggen.

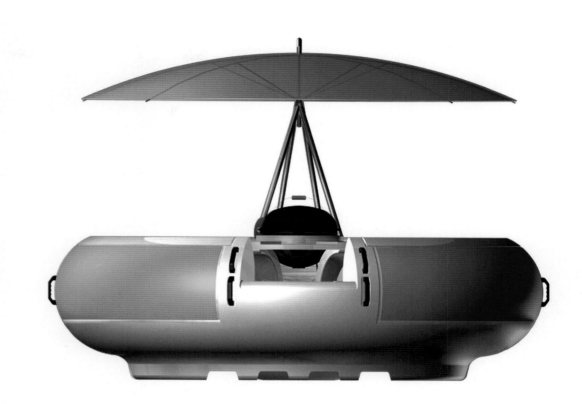

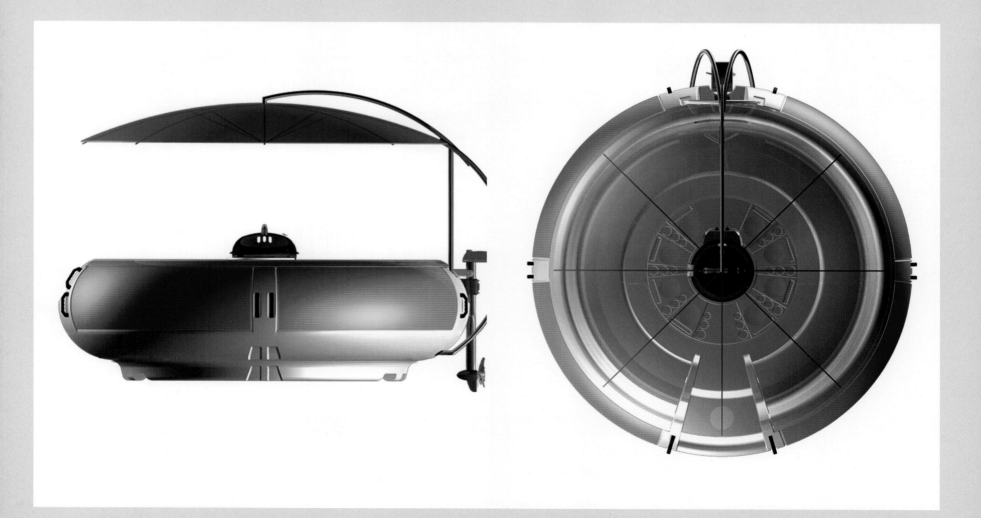

BeerTender

Heineken | www.heineken.com

This innovative home draught system allows beer lovers to enjoy a perfect glass of fresh draught Heineken in the comfort of their own home. Created in cooperation with Krups, this is the ultimate luxury gadget for beer connoisseurs.

Cette machine à bière pression innovante pour la maison permet aux amateurs de bière de savourer une véritable demi à la pression chez soi. Créé en coopération avec Krups, voici le dernier gadget de luxe pour les fins connaisseurs de bière.

Dankzij dit innovatieve thuistapsysteem kunnen bierliefhebbers in het comfort van hun eigen huis genieten van een perfecte glas frisse Heineken. Ontworpen in samenwerking met Krups, is dit het ultieme luxe gadget voor bierkenners.

Television Microwave

Marcel Wanders | www.marcelwanders.com

Super-star Dutch designer Marcel Wanders gave a new meaning to the term TV dinner. His Wave TV includes a television screen right in the door of the microwave, which also includes an integrated DVD player.

Le créateur hollandais vedette Marcel Wanders a donné un nouveau sens au terme « plateau télé ». Sa Wave TV comprend un écran de télévision intégré dans la porte du four à micro-ondes, qui inclut également un lecteur de DVD.

De Nederlandse supersterontwerper Marcel Wanders gaf een nieuwe betekenis aan de term diepvriesmaaltijd. Zijn Wave TV bevat een tele-visiescherm in de deur van de microgolf, die ook over een ingebouwde DVD-speler beschikt.

WineCooler

Bosch | www.bosch-hausgeraete.de

This eye catching wine cabinet is fitted with a double door made of thermally insulating glass in an aluminum frame. The tall free standing unit also includes a halogen lamp lit interior that can show off the most prized wine collection which can proudly be displayed on six wooden shelves.

Cette sublime armoire à vin est dotée d'une double porte constituée de vitres à isolation thermique et d'un cadre en aluminium. Cette grande unité sur pied comprend également un éclairage halogène qui permet d'exhiber fièrement les collections de bouteilles les plus précieuses sur six étagères en bois.

Deze in het oog vallende wijnkast is uitgerust met een bolle dubbele deur van thermisch isolerend glas in een aluminium frame. Deze grote, vrijstaande kast omvat ook een met halogeenlampen verlicht interieur waarin de meest kostbare wijncollectie kan pronken op zes houten planken.

Transparent Toaster

Inventables | www.inventables.com

Inventables design studio developed this kitchen appliance concept as a means of demonstrating what is possible using transparent heating glass. This transparent toaster allows you to see the bread while it is toasting so even the worst cooks are never surprised by burned toast again.

Le studio de création Inventables a mis au point ce concept d'accessoire de cuisine afin de montrer ce qu'il est possible de faire avec du verre chauffant transparent. Ce grille-pain transparent vous permet de voir le pain pendant qu'il grille et désormais même le pire des marmitons ne se fera plus surprendre par une tartine carbonisée.

De ontwerpstudio van Inventables ontwikkelde deze keukentoepassing om te demonstreren wat er allemaal mogelijk is met behulp van transparant verwarmingsglas. Met deze transparante toaster kunt u het brood zien terwijl het wordt geroosterd, zodat zelfs de erbarmelijkste koks nooit meer worden verrast door verbrande toast.

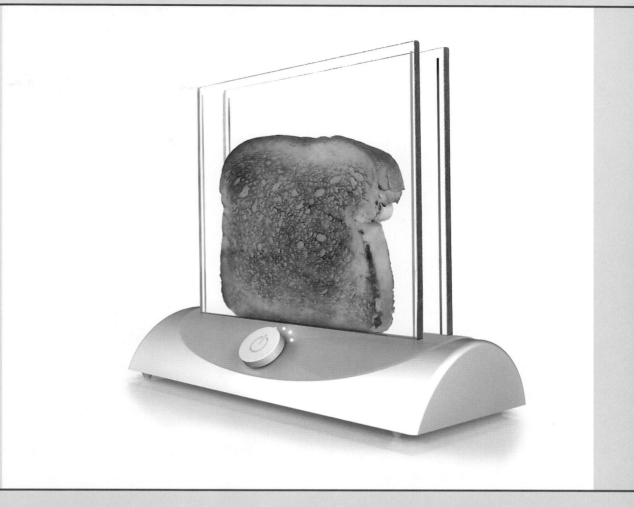

Eon Toaster

Kenwood | www.kenwoodworld.com

Designed for the target group with demands for the best technology combined with high design, this two slice toaster merges high-quality style with functionality by featuring the "soft-lift" system: the slices of toast are lifted up and down automatically using an internal hydraulic system.

Destiné au groupe cible qui exige la meilleure technologie et le plus beau design, ce grille-pain à deux fentes allie raffinement et fonctionnalité grâce à son système « soft-lift » : les tranches montent et descendent automatiquement à l'aide d'un système hydraulique interne.

Deze dubbele toaster, ontworpen voor de doelgroep die vraagt naar de beste technologie gecombineerd met hoogwaardig design, verenigt een uiterst kwalitatieve stijl met functionaliteit door middel van het "soft-lift"-systeem: de sneetjes toast worden automatisch omhooggeduwd en ingetrokken met behulp van een inwendig hydraulisch systeem.

Kitchen Island

Molteni | www.molteni.com

Molteni is the forerunner in using the most innovative technologies in creating the perfect setting for the avid chef in conducting the perfect kitchen orchestra; the appliances themselves are literally an entertainment machine. The newly designed Podium is an oval shaped kitchen island that was developed by the most famous chefs in the world with several functions to create your own one-man show: a solid top with a wok, induction, bain-marie, water basin, cold and bottle drawers, hood with ventilator, and even a radio wave device that displays the energy consumption of each heating function.

Molteni est un précurseur qui utilise les technologies les plus innovantes pour créer le décor idéal du chef zélé qui conduirait le parfait orchestre culinaire. Même les appareils deviennent des machines de divertissement. Le dernier-né, Podium, est un îlot de cuisine ovale développé par les chefs les plus célèbres du monde qui comporte plusieurs fonctions pour que chacun monte son propre spectacle : un plan de travail massif avec wok, plaque à induction, bain-marie, bac à eau, tiroir froid, range bouteilles, hotte avec ventilateur ainsi qu'un dispositif pour les ondes radioélectriques qui affiche la consommation d'énergie de chaque mode de cuisson.

Molteni is de voortrekker in het gebruik van de meest innovatieve technologieën bij het creëren van de perfecte omgeving voor de enthousiaste chef en het dirigeren van het perfecte keukenorkest. De toepassingen zelf zijn letterlijk entertainmentmachines. De nieuw ontworpen Podium is een ovaalvormig keukeneiland dat is ontwikkeld door de meest vermaarde chefs ter wereld, met verscheidene functies om uw eigen one-man-show te creëren: een massief bovenblad met een wok, inductie, bain-marie, waterbassin, koelschuiven, flessenrek, kap met ventilator, en zelfs een draadloos toestel dat het energieverbruik van elke verwarmingsfunctie weergeeft.

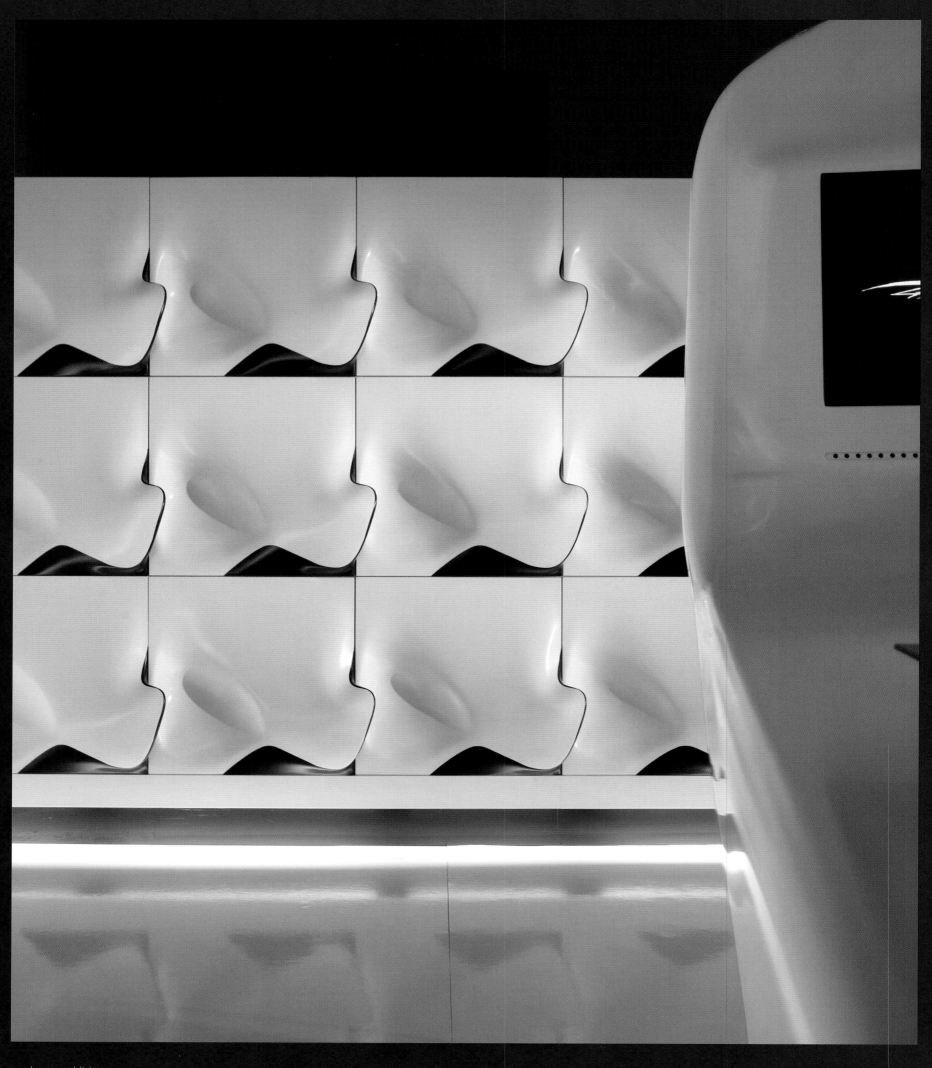

Z. Island
by DuPont™ Corian®

Ernestomeda | www.ernestomeda.com
DuPont™ Corian® | www.corian.com

Internationally acclaimed architect Zaha Hadid created the Z. Island by DuPont™ Corian® as an artistic and futuristic interpretation of the conventional kitchen island by still meeting a variety of innovative functional needs. This freestanding kitchen—a special production by Ernestomeda—is an "intelligent" environment that responds to the desires of the senses with full multimedia equipment that includes sound actuators and LEDs, enabling users to surf the internet, listen to music or create a particular ambience by means of a centralized touch-control panel.

L'architecte encensé dans le monde entier, Zaha Hadid, a créé la Z. Island by DuPont™ Corian® ; une interprétation artistique et futuriste de l'îlot de cuisine conventionnel qui satisfait à toute une série d'exigences innovantes. Cette cuisine sur pied – une production spéciale par Ernestomeda – est un environnement « intelligent » qui répond aux désirs des sens avec son équipement multimédia complet doté d'actionneurs sonores et de diodes électroluminescentes et qui permet aux utilisateurs de surfer sur Internet, d'écouter de la musique ou de créer une ambiance particulière à partir d'un pupitre de commande électronique centralisé.

De internationaal geprezen architect Zaha Hadid creëerde het Z. Island by DuPont™ Corian® als een artistieke en futuristische interpretatie van het conventionele keukeneiland door een reeks innovatieve, functionele keukenbehoeften te blijven integreren. Deze vrijstaande keuken – een speciale productie van Ernestomeda – is een "intelligente" omgeving die reageert op de wensen van de zintuigen dankzij een volledige multimedia-uitrusting met spraaktechnologie en LED's, waarmee de gebruikers op het internet kunnen surfen, naar muziek kunnen luisteren of een speciale sfeer creëren via een gecentraliseerd aantipscherm.

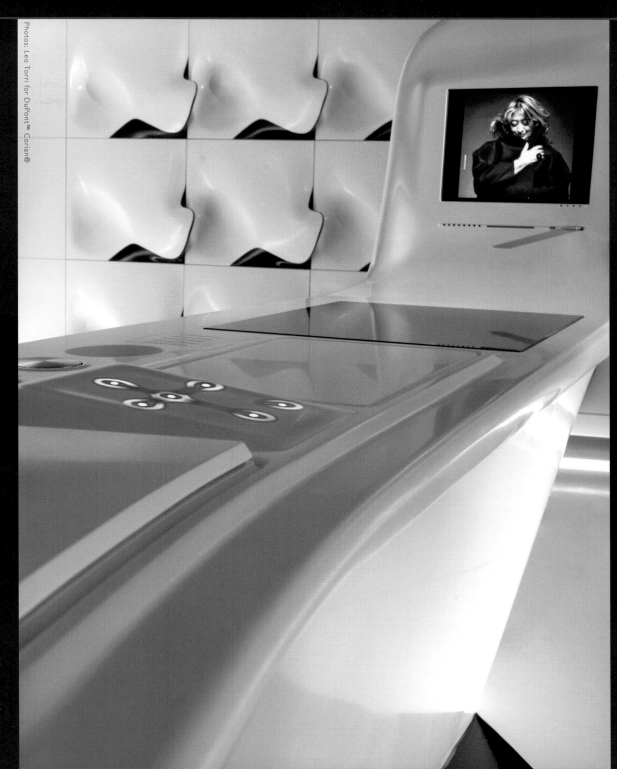

Photos: Leo Torri for DuPont™ Corian®